珍寶預言

44種寶石色彩心靈占卜

Contents

☆ 白色系

紅色系

橙黃色系

藍綠色系

紫色系

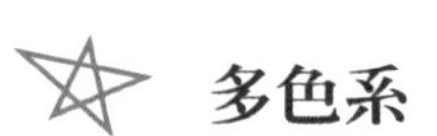

多色系

黑色系

一座鑲滿各色寶石的療癒之城

閱讀本書之前，我想先跟你分享一則寓言：有一名年輕人離開家鄉，想要出人頭地，經過萬里跋涉，終於在轉彎處看見一處繁麗的城市，在進入城市的路口看見有位面容瘦削的挑柴老人，年輕人問他：「這裡是個什麼樣的地方？」老人反問年輕人原本所居之地如何。年輕人答：「那是個窮鄉僻壤，毫無知識水平的蠻荒之地，人性懶散貪婪又魯莽，沒什麼好說的。」老人淡淡回應：「這裡也是一樣。」便頭也不回的往前走去。

沒多久，前方又來了一名冒險的年輕人，年輕人同樣問這個老人：「轉彎處是個什麼樣的地方？」老人反問他：「你的來處又如何呢？」年輕人答：「我來自一個人心和睦、互助互愛，洋溢著浪漫溫情的村落。」老人淡淡回應：「這裡也是。」隨後頭也不回的走去，漸漸消失在遠處。

生命本來就沒有可供參照的範例，每個人都能吟唱出自己獨特的歌律，「我是誰」、「我來自哪裡」、「我該往哪兒去」組成一首永不歇息的詠歎曲。

渴求的指引其實都是內心生出的意識，你相信什麼就會看見什麼，它將領著你往某個面向聚集，如何在轉彎處帶著正念篤定的前行，就是這個故事要告訴我們的寓意。

這本書的角色，希望如同那名深藏若虛的智者，

能映照出你內心的恐懼與猶疑，進而讓你看清即將面對的前路。然而，這條前路仍須由你自行開創。

由於擔任能量治療師與協談師，累積多年療癒課程的經驗，遇到了許多前來諮詢的學員，每個人心中似乎都有滿腹不解的人生難題，卻因為寶石密碼的能量啟發而找回面對的勇氣。因此，在偶然相逢的轉彎處，想藉此機緣譜寫成書，分享給所有親愛的有緣人，用溫暖輕柔的旋律，喚醒你心中沉睡的巨人。

本書不傾向填塞太多艱澀的理論，過於技術導向雖然看起來專業，卻無法感動人，無法讓人產生共鳴與引發美感的文字，也就不具療癒性，將只剩冰冷的字磚堆砌。我願以真誠的心，帶領你走進一座鑲滿各色寶石的療癒之城。

因此，在你觀覽本書的同時，可以配合《數字珍寶：能量寶石開運法》（博思智庫，2011 年 4 月）一書，能讓你更加深入了解各種色彩寶石的特性。該書搭配生命靈數「占數學」，來對應各色寶石的性質，藉由實際接觸的個案，以故事呈現的方式，印證這套繁複的學問，當了解靈數與寶石對自身的影響，即可配合佩帶寶石來增加能量，經由努力和學習，迎來希望的曙光。而生命靈數即是利用出生數字的計算組合，來演繹人生課題，若能妥善運用切身相關的數字密碼，就能突破界限、開創新局。

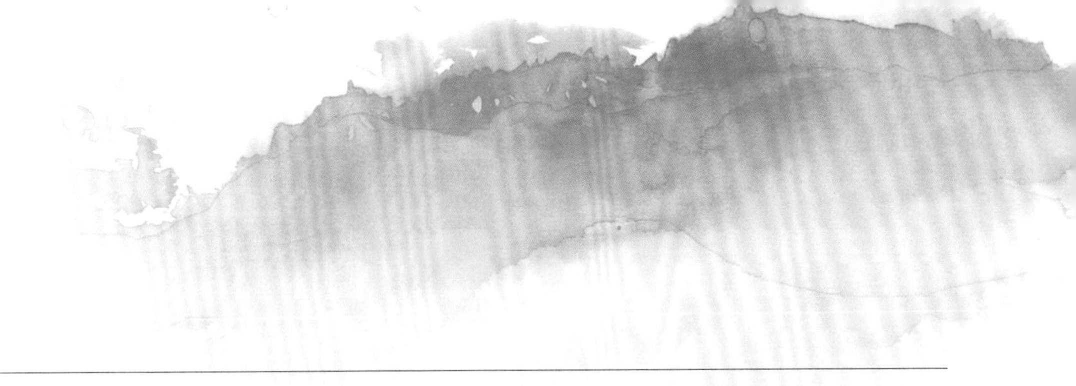

立於這個基礎點，本書將更清楚地給予指引，包括愛情、事業、健康三類，它不是一本嚴肅的工具書，我希望呈現給你的是，一把能夠喚醒你心靈寶庫的鑰匙，你能愜意地從你喜愛的寶石開始讀起，細品各種寶石的心靈小語，感受文字與插畫交融的意境；或搭配四十四張精心繪製的「寶石信念卡」，藉由冥想抽牌，在心中關注你的迷惘，以及你想得知的解答，文中所列明的細節，除了縝密地從寶石本身的材質、顏色、晶系、解理、條痕、比重作感性的延伸闡述，背後更有一套理性的統計學概念，能夠找出最符合你當下的心境呈現，用以發掘你可知與不可知的自己，藉由預測與改變，修正可見或不可見的缺失。

每個人都有扭轉自己命運及運勢的可能，當生命的金三角能夠穩固，就能當自己人生的主人。

陳星傳　林佳虹

圖例說明

由愛情、事業、健康構築而成生命中鼎足而立的一角，
書中每項寶石除了有各自的心靈話語，
並提出三種人生指引（包含現況與未來），
這三種指引路線分別以三種圖示來呈現：

愛 情

愛情中常出現的三叉路，也許是你愛她，她愛他，他卻愛他，複雜的情節令人置身其中無法抽離。單身或已婚的朋友，希望參透這個三角習題，如果非得選擇，可以有更好一股作氣或全身而退的方式。

事 業

事業代表麵包，不同於愛情的夢幻，我們被囿限於方形的江湖之中，誰能不帶把刀，有人笑裡藏刀、棉裡縫針，有人慷慨磊落、急流勇退。非得十八般武藝樣樣精，才能立於不敗之地。

健 康

將菱形拆成兩半，即是愛情；稍微顛倒觀之，則是事業。因此少了健康，那就什麼都甭談。如何以錐狀之勢立於天地，猶如阿基米德所言：「給我一個支點，我就可以舉起整個地球。」

如何使用本書

在使用這套牌卡之前，請先將心靜下來，默念出以下的祈禱文：

感謝此生過往的經歷，因為這些經歷造就現在的我，
或許我已遺忘此生的生命目的，
在此，祈請內在大我指引憶起我的生命目的，
指引我向前邁進，讓我有足夠的資格完成我的使命，
讓我的此生過得更有意義，因服務他人而感到喜悅！

祈請內在的大我透過「寶石信念卡」給予一個明確的指引，
你可以針對目前所遇到的問題或是「愛情」、「事業」、「健康」等項目詢問，
透過內在大我的引導，找到自己與生俱來的力量。

祈禱文

針對「愛情」、「事業」、「健康」項目抽卡，
也可在抽卡前，先默念一段祈禱文，增加氣場能量。

愛情：

祈請內在的大我
協助我療癒過往在情感上所受的傷害，
感謝有過去的經歷
讓我了解愛的珍貴，
請協助我透過愛之眼
讓我與伴侶看見彼此，
我們得以在生活中相互扶持，
可以擁有和諧、浪漫、友誼、尊重、誠實
與美好的愛！

事業：

祈請內在的大我，
我願意釋放任何
導致阻礙新機會的負面想法、模式與信念。
我已準備好展開雙臂
迎接所有有機會進入我生命中的人，
透過我的事業與產品服務更多人，
請指引他們主動與我聯絡，
讓他們得以擁有好的服務品質。

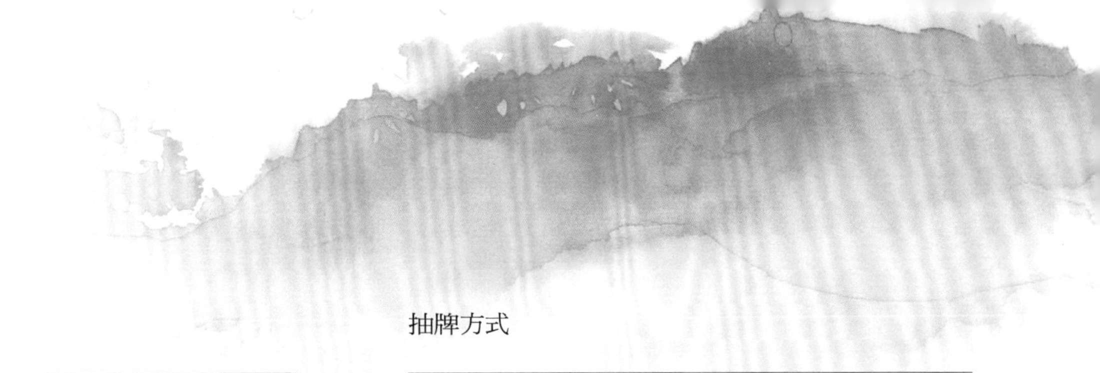

健康：

祈請內在的大我，
讓我釋放創造
生病與痛苦幻象的所有想法與行為，
並擁有健康的想法。
我愛我的身體，
感謝所食用的食物給我豐富的營養，
讓我身體的每一個器官、
每一個細胞正常運作，
擁有每一天所需的能量。

抽牌方式

一、一點心

每天可以抽出一張牌卡作為當天靜心冥想的主題或是大我所給予的指示。當你遇到問題時，也可以作為指引你進入任何情況的洞見。

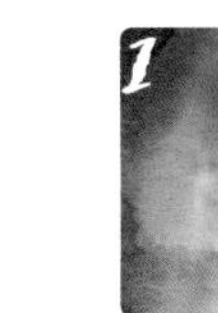

針對當天主題的指示

二、 二次元

除了針對現在的問題洞見之外，針對現在的問題有更深入的探討，可以抽出第二張牌卡，讓大我指引你解決問題的方向與建議。

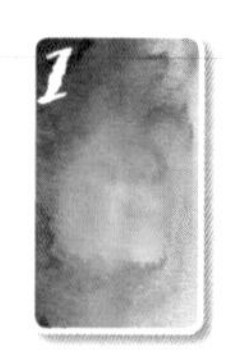

現在的現況 / 問題

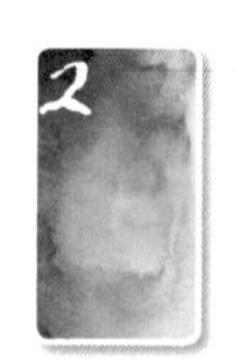

解決方向 / 建議

三、 三立方

根據三個面向抽出牌卡，讓大我指引我看見過去與現在我們的行為模式，引導未來可以進行與發展的方向。

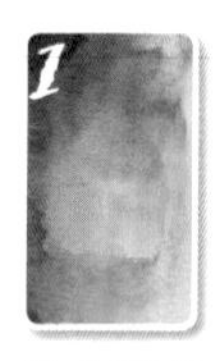

過去模式

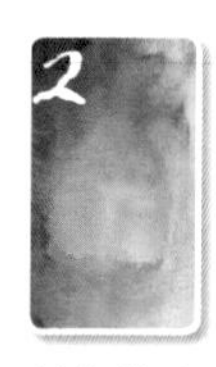

現在發生

未來發展

1

鑽石

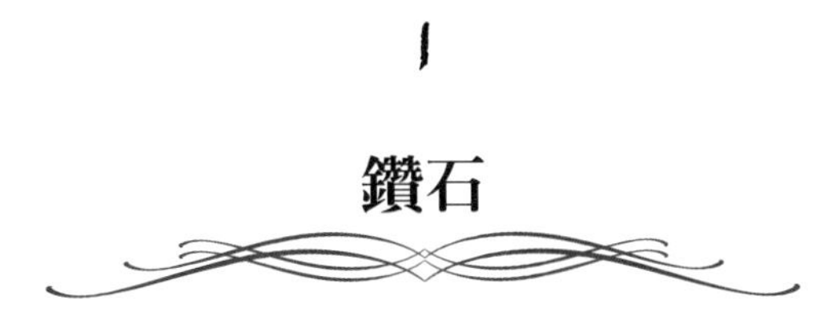

每個瞬間耀眼發光

它，燈光下顯得閃閃生輝，在每個瞬間，都是眾人矚目的焦點。

鑽石，是目前自然存在的最硬物質。被視為勇敢、權力、地位和尊貴的象徵。

但是，未經打磨前，它並不璀璨動人，總是要經過重重試煉後，才能彰顯出它耀眼的色澤與價值。

美麗需要長久的蘊藉，懷抱不屈不撓、勇往直前的精神，才能造就出獨一無二、無懈可擊的神采。就像布幕後靜待演出的舞者，藉由這股潛埋的魅力，耐過蛻變前的沉寂與苦痛，等到站上舞台的當刻，激生強大能量，完成每一場令人驚艷稱奇的完美演出。

閃亮的東西並非都是鑽石，生命之途何其奸險，總也有遇人不淑，所幸領悟得早，我們還有改變的本錢。

有了愛，黑暗的囚禁就不算折磨；有了愛，迷茫的等候就不算辛苦。擁有獨特耀眼光輝的你，要相信，一切付出不會徒勞無功，在閃動的光波之下，必能匯聚愛、財富及人緣。

近況

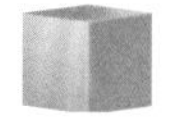

人群中，你是奪目耀眼主星，即使想要隱藏自己，依舊是眾人注目的焦點。因此極易引起情人的不安。

萬千寵愛的眼光，使戀人擔心，不知哪個是欣賞、哪個是試探；千變萬化的面貌，使愛人不知哪面是敷衍、哪面是真相。

電影《紅磨坊》，絕世紅伶莎婷曾歌頌：「鑽石是女人最好的朋友（Diamonds are a girl's best friend）。」你對工作的長期投入，終於開拓出如鑽石般耀眼的前程。

然而光芒可以引來注目，也會招忌帶來怨妒。如莎婷的美貌雖然與鑽石相互輝映，卻牽動了她一生乖違的命運。

有時不一定要成為固執的集光器，全數吸納並反射所有的好壞。

儘管光芒由外而發，偶爾也需要「休戰養兵」，為下一段美好旅程養精蓄銳。

關於**愛情**，

鑽石的未來是……

真心是愛情的最佳代言。

即便表明心跡，仍讓人感覺捉摸不定，然而這並非你的過錯；因為晶瑩剔透，另一半揣著心，無法安然互動，如果長時騷動著不安的情緒，那麼讓人稱羨的佳偶，將只剩下華麗的外衣維持裂痕的戀情。

多情敏感的你，請接受自己的與眾不同，最了解你的人只有自己。請有耐心經歷似火焚淬鍊的愛情，你的固執、冷漠，會讓雙方一次次遭遇險境無法自拔；其實固執、冷漠的外衣，是容易受傷心靈的偽裝保護層，所幸玲瓏七竅的你，會很快的清醒，明白此時此刻的需求，經過誠摯的表達後，對方會應許期盼而伸出雙手，就一起跳支雙人舞吧！

恭喜你終於明白，真正的相互吸引，還需要獻出屬於無瑕的忠誠與信任，無私的愛情最佳代言，是自己赤裸裸的一顆真心。

關於**事業**，
鑽石的未來是……

工作似乎是眾人艷羨中的職務，其實過程的波濤洶湧不為人知，輪船似乎馳騁在一望無際的大海，可是掌舵的你，卻無法像鑽石般篤定無疑。重重的試煉黑潮真的過了嗎？你遙望彼方，港岸行蹤是否出現在前方？

縱然是自己人生舞台上的名伶，但夜深人靜時，不免擔心懷疑一切繁華光景是否只是幻影；試著放下這份擔慮，你的成就和功績從來就不只是好運。

經過努力實戰後的你，可以收得甜美的果實，若是自己經營事業，已步入軌道，伺機而發；若是擔任職員，現在的你潛力無窮，被公司寄予厚望，近期之中有晉升的可能，要好好把握良機！

因為是長官眼中的寵兒，也容易招來他人的猜忌之心，千萬不要過於自滿而引起紛爭。

偶爾收斂一下鋒芒，並適時將身上的榮耀分享給旁人，將注目化為助力、怨妒化為佩服，可對往後的職涯無往不利。

{ **將榮耀分給旁人。** }

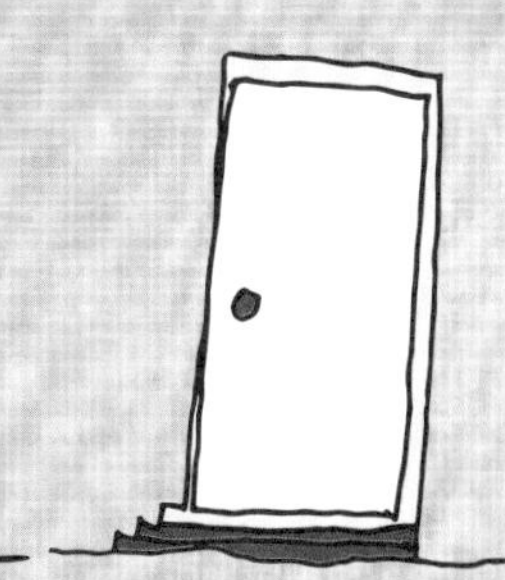

關於**健康**，

鑽石的未來是……

{ **別把小事掛心上。** }

試著學習太陽的自體發光，並且不吝嗇將溫暖的色澤灑在大地上，你已嫻熟接收，接下來該學習的是分享！

你可能是善於交際手腕，儘管你也樂在其中，但過多的應酬及派對，會使你勞累不堪、疲於奔命，有時候你會因為人情壓力而怯於拒絕，這會讓你回到家後陷入低潮，在心情上蒙上一層陰影。

在朋友或公開場合，你總能得體且親切的招待，別人已經習慣你明亮的照拂，因為你帶來的光芒效應，也會讓他們或公司獲得某些實際利益。

當然你是不需過於計較的，你從別人身上得到的關注多過所能給予的，因此明白「施比受有福」的道理，這會讓你身心達至平靜，夜裡好眠。

2

白水晶

明澈的清晰力

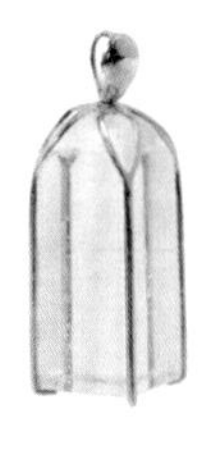

重視自由，不代表任何事都可以拋掉，任何細節都不在意。

有位老農夫，在馬廄裡遺失了最心愛的懷錶，那是老婆送的結婚紀念，比任何寶物都還要珍貴。

他非常焦急、愁苦，正好外頭有群孩子在玩耍，他出去告訴外頭玩耍的孩童，若是能找到懷錶，將給予一筆獎金。

孩童們一聽到這個消息，一窩蜂地竄進去，東找找、西翻翻，一段時間後，孩童陸續出來，兩手空空，農夫更顯失望。

「伯伯，讓我再試一次好嗎？」忽然，有個孩子說，想單獨進入馬廄再試一次，農夫答應了他。

不一會兒，那名孩子果真找出了懷錶。

農夫非常驚訝，便問：「剛才許多人找好久都找不到，怎麼你一進去就找出來了？」

「我進去之後，就坐在地板上，聽見『滴答滴答』的聲音，再去找就找到啦！」

原來，透過明透的洞察力加上清晰的觀察力，就能發現寶物就在你身邊。我們常有許多天馬行空的想法，唯有靜心聆聽、仔細觀察，待思緒聚焦後再行動，才能自在悠遊於七彩的天際。

近況

如同透明純色的水晶，你將擁有清澈明淨的愛情，沒有雜質也令人羨慕。

「感受」與「直覺」會是你判斷戀人的重心，通常你的決定會是正確的，因為你明白對方是否值得追求與託付，加上從一些小細節的觀察，綜合評估之下，目前的情人會是完美的一位。

因此就好好享受這段純美的愛情吧！

你總是有許多天馬行空、突如其來的鬼點子，好好靜下心來思量這些點子是否符合現實，又該如何執行。

別讓好點子成為空想，想怎麼收穫就要怎麼栽，實現夢想有好點子，也要行動。

透過行動，讓你的願望和企圖變得更明確。

你或許很喜愛運動，特別是競爭型的活動，會激發你的動力與興趣。雖然重點並非贏得比賽，但過程的參與除了會為你帶來開心，對健康也打下不錯的基礎。

注重家庭生活的你，擁有健康和諧的居家環境，為你的心理帶來穩定。同時，你也樂於和他人分享，造就你樂觀的天性。通常開心的人不那麼常生病。

關於愛情，

白水晶的未來是……

過於清晰的評估，有時會流於不近人情。因為人類總有七情六慾、小奸小惡，過於苛責與否定可能會喪失認識最佳伴侶的契機。

有了穩定情人時，也要試著設身處地了解，你是不是也會有「道德低落」的時刻，太過美好的期待有時不是好事。

沒有人會是完美情人，因為你聰明的腦筋和活潑的創意，喜歡的對象也會訂得較嚴苛一些。

你不必為了求得愛情而刻意降低你的標準，只要稍微對關係抱持開放與接受的態度，撇開一些小節，耳邊的音樂也能引人躍然起舞，如同旋轉晶球的雪花世界，營造豐富圓滿的愛情狀態，其實很簡單。

{ **避免過度期待與要求。** }

關於  **事業**，

白水晶的未來是……

{ **口語表達首重無誤。** }

當你的口頭表達能夠明確無誤，對方也能接收到你的熱忱，就能輕易掌握每個機會。

因為直覺性強，常能窺看出他人身體與心靈深層的疼痛，總能提供他人正確的諮詢管道，能給出合宜的建議。

聰明有趣成了你的人格形象，搭配有設計感的襯衫會提高你的專業度。

由於你善體人意的性情，搭配優異的創造力，與設計性相關的工作，也能讓你做起來得心應手。不管是否從事設計性質的工作，不妨在空閒的時候好好運用自己的創造力，布置家中的環境、飾物設計等，你會發現透過不斷地創作，你在工作中的靈感也會源源不絕地湧現。

關於 **健康**，

白水晶的未來是……

{ **別把自己繃得太緊。** }

請適時讓靈魂之窗好好休息，趁著假日，多到戶外成樹的山林走走，會帶給你清新的享受。

由於依憑創意，下了班，腦筋也一再任其空轉，不願放過任何有趣的點子。一想到可能成形的構圖，會讓你放下正在進行的事情，再一頭鑽入工作室研究。

因此長期的腦力耗損由此可知，不要將琴弦過於繃緊，我們都知道橡皮撐開久了也會彈性疲乏，要是有一日手上的弦再也談不出流暢的旋律，會是多麼可怕！

避免讓弦上的音樂就此罷工，記得養成工作時工作、休息時休息，腦部也需要好好充電，在你蓄積能量的時候，相信你的頭腦也能獲得飽足的養分。

月光石

從鏡子中看清自己

在夜裡的海濱散步，望著如鏡的海面，看見，許久不見的自己。

鏡子可以為我們正衣冠、知興替、明得失，卻也可能陷溺其中，自嘆自憐，追逐不可得的假面，最後只有走向衰亡。

有則故事說：一隻流浪犬，不小心闖進了一間四面充滿鏡子的房間，牠望來望去，到處都是齜牙裂嘴的惡犬，正對著牠露出凶險飢餓的目光，並作勢要向牠撲來，彷彿牠就是一隻待宰的獵物。牠內心湧起深深的懼怕，卻也張開血盆大口，不斷對著鏡子屋繞圈，對著敵人狂吠，聲嘶力竭、不惜一切撞向冰冷堅硬的鏡面，企圖闖出這個可怕的迷宮，在上頭流下一道道，清晰的斑駁血痕。

最後，牠精氣耗竭，再也奔跑不動，躺在血漬斑斑的地面，用鼻孔發出最後一聲低沉的嗚聲，宣告死去。

每個念頭都是一種投射，鏡子顯影出的「可憎」、「媚惑」，都是自身。

我們有能力選擇自己想擁有的正向信念，內相能夠隨波不驚，慢慢沉澱之下，外境也就可以跟著改變。學習靜心，漸漸就能看清自己的輪廓。

近況

希臘神話的鏡像迷戀，極有可能出現在浪漫易感的你身上，要當心不要成為湖面水仙的陪葬品。

你的戀人也是一個獨立的個體，並非自身的投影，給予彼此一些空間，不要過於亦步亦趨；適當的空間與距離，能為彼此的愛情帶來美感。

你具有敏銳的觀人力，可以憑直覺一眼看透真實的情形。因此你總是富有活躍的同情心，對於上級或同事也願意給予合理的協助。

在工作上，你既有主見，卻不會流於盛氣凌人，懂得沉潛，也喜歡行動力帶來的改變，美好的成果給你迎向下一次挑戰的驅動力，源源不絕的自信使客戶樂於與你親近。

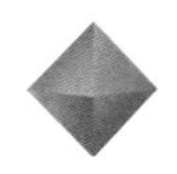

大部份在情緒上的問題，通常棘手的都是不願請益。

許多時候因體諒他人，而將許多話往自己心裡放，久而久之，也就累積了許多不滿的情緒。

焦躁不安的情緒讓你想要掌控一切，不相信生命自有其運轉，然而，同樣的事件卻一直重演，不斷對你訴說請信任自己、信任這一切的發生。

關於**愛情**，

月光石的未來是……

{ 求取愛情與麵包的平衡。}

雙人月光下的漫步是種美，偶爾一個人獨享月色也是美。

當你能夠「拋去一些想像」，多一些實際的「麵包作為」，關係將能夠更加穩固。

如同月亮受到潮汐影響的關係，好好經營下去，你的愛情也能有水波般的綿長與甜蜜。

儘管有漲退潮的時分，不要過份擔心，好好安頓自己的身心，趁著這段空窗，正好可以學習獨立，嘗試自己面對風浪，許多情感困境往往不如所想的難以處理。

具有雙重性格的你，可以在理性與感性間求取平衡。

月亮的溫暖照人，以及陰暗深沉，都可以在你的表情上找到應對。

體諒之外，你或許也有自我中心的傾向，因此從「談戀愛」過渡到「談感情」，還需要轉換得宜。

試著溝通，和另一半敞開心房，很多事只要願意說出口，以及聆聽對方真實的感受，就能讓關係更上層樓。

關於事業，

月光石的未來是……

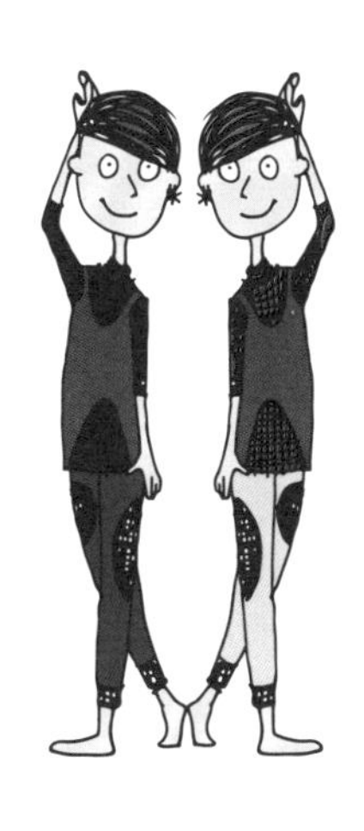

適時對夥伴表達關心。

有些時候，好像感到夥伴投來疑惑的眼神，你才明白已不知不覺將強硬的信念，展現在你看不見的表情與肢體語言。

所有的外境都是內在想法的投射，在你周圍的人事物就像一面面鏡子，照見你內在呈現的狀態。

若是過於自我主義，某些時候像是威力猛烈的炸藥，連帶也會有抱怨的聲音，若是繼續一意孤行、不聽勸告，將引來更多的批判。

圓融的處事方式，可以為你招來更多的感謝。

有時會有讓人看不透的感受，盡量對交心的夥伴表示關切，將形成更融洽的凝聚力。

你熱愛工作，在職務中展現絕妙的創造力，一路持續的積累，財務上已是富足且獨立，你的心靈也可以是一塊磁鐵，吸引你向著美好的前景。未來就由你繼續創造新局。

關於  **健康**，

月光石的未來是……

{ 任何時刻，做好安全措施。 }

適當表達出你真正的需求，就不會發生無謂的後悔，影響終生。

另外，投入工作當中，請不要因報告繁急、事務搶先而吝嗇騰出幾分鐘，好好喝水與好好排泄。由於長期工作坐姿，忽略了適當運動，記得每隔一段時間就要起身走動，並可從適當休息與補充鈣質做起。

喜愛照鏡子的你，也許可以從鏡面的反射中，仔細觀察面貌的改變，一顆小痘子、一塊小斑點，都可能是身體的病兆，我們都懂：事前預防勝於事後治療。

平時休閒時間，盡量讓自己接觸陽光，除了輕微的活動，更可嚐試較激烈的運動，如游泳與體操，刺激心肺功能。但要留意膝蓋的耐受力，不用過於勉強，反而適得其反。

珍珠

感謝傷害你的人

年輕，不該暗自流淚。

日子總在忙碌中渡過，一日日，一月月，一年年，將生命積累成一本厚厚書冊。不只書寫增添的白髮、嘗盡的人情，還包括透析的智慧、圓融的處事與寬容。

等邁入老年，回顧短短的一生，會感謝曾經帶給我們痛苦的事件，以及折磨心志的人，因為他們，我們才能堂堂走到今日，學會面對、學會爬起、學會前進，而無愧人生。生命總有關口，適當的流淚是宣洩，讓淚水痛快地流上一回，我不會阻止你，也不會笑你笨，因為我也曾這麼哭泣過。

但是，請記得，眼淚只流這一回，下次要學著堅強面對，拍拍自己的臉，換上笑容，不要再躲在家裡，窗外的陽光正媚。

當感覺陷入迷宮，請走進大自然，讓心情沉澱。偶爾給自己一個假期，辛勞多時的你，工作不會跑掉，它會乖乖等你回來，老闆會同意給你一些空間，就看你是否願意先放過自己。

只是再回來，要是全新的姿態。自然的芬多精會帶來喜悅，享受充份的放鬆會為你帶來愉快，幸福無所不在，當心中充滿感謝，你會發現一切都可以迎刃而解。

近況

我們都聽過「眼睛裡容不下一粒沙」，身體何嘗不是如此呢？當蚌殼類受自然或人類安植上沙粒，牠們豈能不呼痛喊疼？

而你的愛情觀念一如想見，若是一再承受外物的堆積，苦的其實是自己，沒有人能替你減輕，只有你自己能夠拿掉那些束縛，因為那正是由於你的容許，才讓它走入你的心房。

處事圓融，善於包容，為你的職場關係加分。

你是人人信賴的夥伴，也樂於和你分享，但苦水多於喜悅，你自己必須試著排解。

可能會有嗜吃零食的習慣，長期下來，吃進不少添加物，造成肥胖問題，可能會有淋巴系統的危害，不健康的脂肪也直接影響了血管暢通。

休閒時要多活動，平時少吃甜食，身材上的走樣不只是影響美觀，以及穿衣的合襯，更影響了生活作息，致使常常感到疲憊、打不起精神。

關於**愛情**，

珍珠的未來是……

{ **欣賞對方的興趣。** }

強烈的情緒總席捲而來，讓你不知所措，你也害怕就此失去控制。

- 卸除雜質，把焦點放在正確的地點，對的人身上！

有時候換個空間，到戶外走走，享受芬多精的洗禮，讓腦筋清醒片刻之後，你會發現沒什麼好在意的，一笑置之是最好的處理方式。

不要讓壓抑的情緒破壞了兩人關係，相處中可能會有磨擦，你喜歡看韓劇，他熱愛搞笑綜藝，也許試著欣賞對方的興趣，可以彼此討論，多了對話的默契。

將失去的恐懼化為珍惜，每一天就會像珍珠一般，散發七彩銀白的美麗，情感加溫，日日都值得記憶。

關於事業，

珍珠的未來是……

適時展露強硬的一面。

「溫良恭儉讓」是你的註冊商標，有時會讓人誤以為可以任意支配你。偶爾把強硬的一面展露出來，在團體中找到一席之地。

淚光閃閃的惜別會見得到你，高歌一曲的慶功宴，你也可以加入。不要老是維持苦哈哈的形象，發揮你潛在的搞笑天份，為辦公室帶來新鮮的氣息吧！

工作的負荷有時會讓你喘不過氣，當你感到份量過重，應該要適時表達，不要讓最後一根稻草壓垮你。

你能有更高規格的職位，你也有能力擔任。

因為能體人所感、感人所用，所以在工作團隊中，總是當輔導者的角色，好好發揮你的天賦本能——協助他人找回自己的生命價值。

關於健康，

珍珠的未來是……

{ **飲食均衡不發胖。** }

可能是飲食習慣失衡，造成腸胃系統當機。有時一個禮拜還沒有便意，或時常佔據廁所好幾個鐘頭，還無法出門。

若是嚴重，還會引帶荷爾蒙失調的危機，請不要這麼快就讓更年期找上門，好好調養身心，除了適當休息，還要加上飲食調理。

平時也可以多吃水果，維持體內酸鹼值平衡，補充一些益生菌，達到整腸健胃的功效，使排便順暢。

除了在飲食上做調整外，別忘了也要好好照顧心靈層面的自己，瞭解內心的不安全感從何而來，為何害怕改變現狀？是否過於嚴格地要求自己？

當不安全感再次襲來時，不妨試著無條件地關愛與接納自己。

5
銀

快樂愛自己

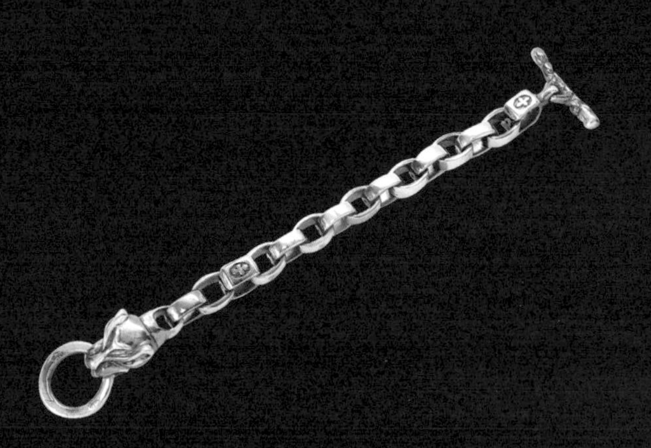

「快樂在哪裡呢？」有時候你這麼問自己，彷彿這是個無解的答案，只能藉著熱酒暖腸一吞而下。只是酒入愁腸，當下獲得短暫快樂，醒來卻更添困惑。現實的生活過於緊張，如麻的思緒總是無法梳開，把自己陷入愁苦的深淵，絞成一團麻線，斬不斷，理還亂。

年少的時候，一塊小餅乾、一支棒棒糖，就能樂得開懷；長大了，就只剩金錢，才能堆出你的笑。從名牌包包到車子房子，通通都能比，滿心炫耀、明暗較勁，誰都不讓誰，誰也都無法真正滿足與高興。

如果，人生只剩下物質需求，生命，就只是沾染蚤病的一襲華美袍子。我們不鼓勵病態美，苛薄的臉色不是優秀的典範。就讓興風作浪的人，留在小說裡就好，沒必要隨之起舞、捲入其中，外頭燦爛的陽光，更值得我們努力。在對的事情上鑽研，種子會冒出卓然挺立的新芽。

別嘗試滿足所有人的需求，把注意力放回自己身上。強化自己的判斷力，快樂其實就在身邊，這次，我們不再需要藉酒澆愁，一杯香茗，一群好友，那就是人生的意義。

近況

別一直站在受害者的角色，當你扮演這個角色的同時，亦成為了迫害者，用受害者姿態來脅迫與掌控他人，對你也是一種折損。

當你學會愛自己、珍惜自己，就能想出更好的解決方式，懂得表達會讓情感關係更加融洽。

具有強烈正義感，也樂於幫助他人，可以說工作中的最佳救兵，常能在其他人陷入困境時，給予強而有力的支援。

因此，對於你的存在，有著深深的不可取代性。

時常熬夜，或睡眠不足的你，易造成肝膽系統失衡。

你也許很難聽從別人的建議，經常性的一意孤行，對某些營養療法深信不疑，可是有些處方並不真的那麼適合你，也許你服用了過多不必要的藥物、食品，雖然身體有代謝機制，但長期下來也會損耗元氣。

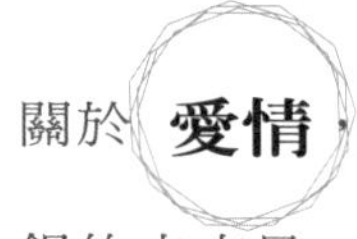

關於**愛情**，

銀的未來是……

{ **學習表達。** }

你仍然可以保有個人獨特的魅力，無需迎合每一個人的需求。

在愛情中，你屬於黏人型的戀人，需要有人陪伴、有人提攜。強悍中的柔軟，使你更加的迷人。

一旦戀愛即能穩定發展，相信另一半也會滿足於您的青睞。對於愛情立場堅定的你，不易受到誘惑，即使外頭有紛擾的流言蜚語也無法侵蝕你們的關係。

你最大的功課就是找到相處上的平衡，體驗生活並不代表任性，維持你樂愛分享與體貼的個性，能夠親自下廚就不要輕易上館子，在生活細節上的磨合，會加深彼此感情的根基。

關於 事業

銀的未來是……

{ 切勿話不忌口。 }

有時，會有好發議論、過度批判的小毛病，記得張嘴時留下一些餘地，可以讓你在他人心中保有更多的欣賞。

若是油嘴滑舌的討人歡喜，也會壞了好不容易建立的革命情誼。正所謂：「沉默是金，能言是銀。」一語道破你的小缺失，只要針對這點稍微改善，你將是職場中的人氣王。

除了話不忌口，正義感十足的你，也要隨時保護自己，不受到傷害。就像《終極保鑣》中的凱文科斯納，帥氣沉穩的保鏢，極力護衛惠妮休斯頓所詮釋的明星，你就如戴著銀盔的武士，使命必達，給人安全感的守護。

除此之外，一名領導者的風範也能在你身上查覺，能鼓舞人心，又能給予協助，帶給團體迎頭向上的助力。

關於 **健康**，

銀的未來是……

{ **減少派對應酬。** }

常常感到疲憊與倦怠，就是身體機能的衰退，如果你還年輕，可以多補充營養品，並且好好休息，改正不健康的日夜顛倒，並減少應酬歡唱的惡習；若你已有了一定年紀，平時在飲食上需多下功夫，加上走一趟醫院，做個例行性的健康檢查，才能真正查覺病根。

皮膚可能會出現狀況，發癢或紅腫經常困擾你，若是易過敏體質，除了在飲食上調整外，也要注意季節的變化，若是短時間突然出現的發疹、斑塊及腫脹，可能是內臟器官的警訊徵兆，應該深入了解，趕緊請教家庭醫師，進行診斷與協助。

檢視一下自己，是否因為覺得自己的特立獨行而感覺到不自在，其實，每個人都是特別的，學會欣賞自己與他人，你會感覺自在又輕鬆。

6

蛋白石

看清生命的實相

斑馬線上，充滿急忙過路的身影，你被後面粗魯的人推擠著，警示燈倒數計時，你還在猶豫，是要前進、右轉，還是原地等待？而冷漠的眼神背後，都蘊藏一顆脆弱的心。

事情並非表面上顯現的樣子，注意「周遭狀況」與「內在情形」，不要太快地蓋棺論定，卸下防備與敵意，釋出問候，愛與和平就會轉到身邊。

每一段故事的起頭都不同，結局也不盡相似，類似的場景卻不斷重複上演，考驗你我處理的智慧。面對逆境，有人拿刀劍向四方揮舞，也有人拿香水四處噴灑。是要傷痕累累，還是滿身馨香，選擇權在我們身上。暴力造成難以抹滅的遺憾，後續的報復與心理創傷，一輩子都將難以安穩。

一定有更好的方式來解決衝突，拋開舊有的模式及信念，轉轉頭，觀看不同的指引路標，你會迎向不同的人生局面。

惟有改變自己舊有的模式，才能創造出新的契機，過去一切的發生，不過是一段學習的路徑。輕裝上路，重新調整步伐，勇敢面對未知的前方，當審視的眼光不同，美好的結局就輕易掌握在自己手上！

近況

一如偶像劇的浪漫戀情，你期待著煙花下的表白、潮水邊的海誓、月光下的共舞，以及種種戲劇化的情節。

你的期望也總能在愛情的初始被滿足、被實現。

擁有藝術家的特質，像是具備第三隻眼般，對所要投入的工作項目，具有強烈的直覺感受。

加上你的細心，可以如裁縫師在織錦上精確地繡出靈動的彩鳳；也能像畫家將繪紙的遊龍生動的點睛。現階段的工作，令你得心應手。

充塞在高度的壓力之下，讓人透不過氣來，突然間覺得自己不再有創造力，你需要去度個假放鬆自己，讓源源不絕的靈感重新湧現。

最近的你常感到心情鬱悶，緊湊的公事一方面為你帶來成就感，長期投身其中，卻也造成身心疲憊。

關於 **愛情**，

蛋白石的未來是……

{ **別被過去經驗影響判斷。** }

邂逅相遇的對象，大都是依憑一見鍾情的感覺，少了相交的穩固基礎，如能就此順利發展倒也是一樁美談，若對方只是在陪你演演戲，充其量也只是你假想中的角色罷了。

最後戲落幕，夢醒了，碎了一地的心，才驚覺偶像劇是如此的荒謬可欺。現實生活裡沒有源源不絕的彩色泡泡。你只是自己騙了自己，讓自己去演了一齣不合時宜的劇碼。

因為過往的傷痛經驗，未來若是有著穩定感情，要留意的是，與情人間的相處遇到考驗時，有時並不全然是來自外在環境，而是因你而起。

試著轉換念頭，別被過去的經驗影響，過去的已然過去，無須緊抓著那份情緒不放，拋下偶像劇的對白，重新告訴自己：「你的心不那麼容易受傷害。」

關於**事業**，
蛋白石的未來是……

{ 避免過度理想化。 }

但是在職場上，不如意的事十常八九，每個人都有可能會犯下無傷大雅的小過失。你也許還有些脆弱，容易受傷，不過就算捅出了大簍子，也只需要記取教訓，重新來過即可。

既然彩鳳不能活，遊龍不能飛，那就放自己的心自由。別將昨天的錯誤當成基督耶穌的十字架，一直背在身上。那太辛苦也太愚笨了！聰慧資敏的你，一定知道一味地指責自己並不會帶來任何改變。別持續沉緬於過往，或是過度寄望於未來，正視現實的狀況，才是最重要的。

追求過度的理想化，也是一種逃避行為。透過反省，確實改善，比起臨危便止步不前，來得實用多了。在工作上，其實你不會有太大的阻礙，或遇到太難以處理的局面，但是若你沒有朝某個面向積極發揮，那拋光的彩度也難以被看見。

關於**健康**，

蛋白石的未來是⋯⋯

{ **喝酒抽菸花錢又傷身。** }

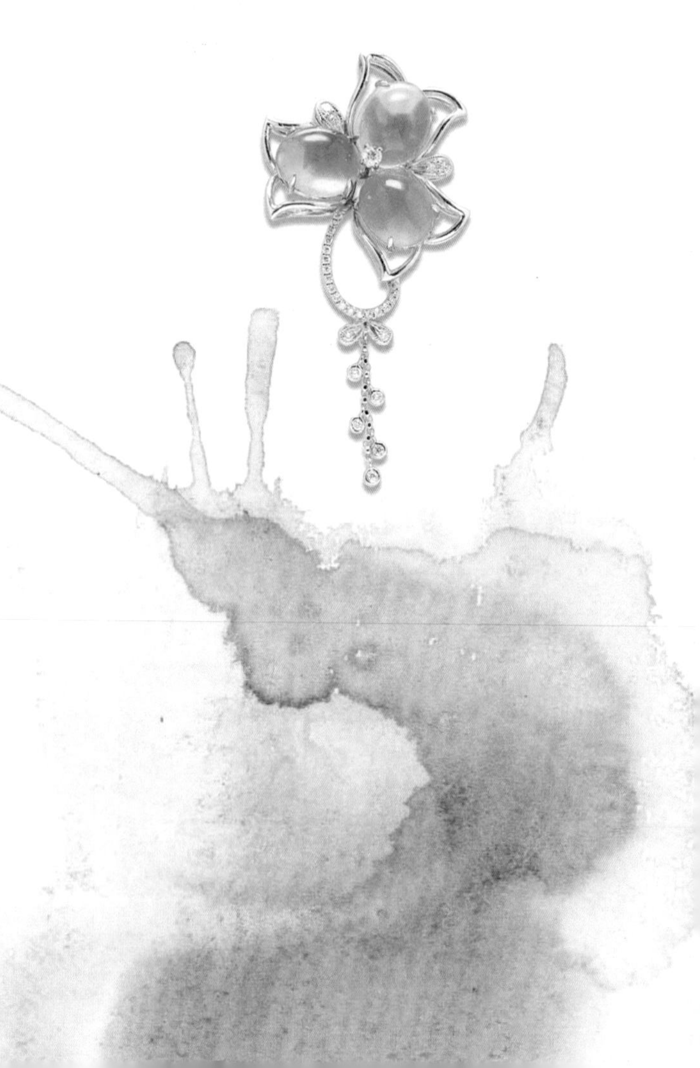

下了班已是沉沉深夜，不好意思再打擾別人，連撥通電話都嫌大聲，而總是自己一個人，在長街轉角的小館獨自喝著淺酒或抽著悶煙，點綴寂寥的夜空。

心事無處訴，只好往自己肚裡吞，漸漸學會隱藏自己的脆弱，明日又是幹勁十足的強者，怎知這樣的壓抑也是腦部病變的元兇。未來的希望建立在健康的身體上，永遠不要冀望不可限的未來，今日才是最珍貴的一天。

未來要當心皮膚乾燥與曬傷問題。未來會發生什麼事？用不著太過擔心，現在只需擔心明日出遊的烈日是否會燒灼了雪白的肌膚！除了不要成為一根冒煙的小黑碳，換裝一身古銅膚色，也是健康的象徵。

7

硨磲

享受心安理得的付出

走在夜路的歸人，因著相距不遠的一盞路燈而心安，步伐更加踏實，那是一盞使人暖心的夜燈，家就在這裡等你歸來。

能將天賦發揮徹底，成為他人依循的榜樣，也是一種人生明燈。好好運用天賦，儘管過程孤獨，但要相信在成功的路上，總有一絲明亮，是因為你而燃起。這份信念，將使你永不放棄，擁有服務與回饋的精神，願意回過身，運用自己的才能和熱情，照亮他人。

你不求什麼，只願看見，旁人因你而發光。別小看自己的能力，你將成為他人眼中的夜燈，協助他人找到自己的天賦，然後，這份服務精神，將繼續綻放，讓人間處處充滿光明。生命寒冬，因語言的關懷而有了溫暖；低潮關口，因雙手的緊握而有了力量。

有人說：分享是加倍的快樂，分擔的苦痛是減半的。主動付出將使快樂直線上升、痛苦消弭無蹤。假使每個人都是自己生命中的主宰，透過實現自己，和不斷地服務他人，猶如人人心中燃起一盞明燈，心燈處處，社會充滿溫情與感激，也令我們更懂得謙卑與付出。

近況

擁有相處的智慧，懂得主動付出與關心，能夠讓另一半深深感動。

你喜歡穩定，因此你能在情感狀態中找到共同價值，並持續讓愛深化。不過有時候對方不見得了解你的想法，太過一廂情願，也會讓雙方失去維繫的熱情。

你是個忠誠的人，對於上級交派的事務都能盡力達成，工作上的薪資不是你考慮的重點，適不適合與滿不滿意，才是你持續待下去的主因。

擁有服務精神的你，頗能獲得青睞，升遷名單上你總是被排在第一順位。總可以即時帶給失落的人溫暖，使得你的存在不會讓別人感到威脅。

由於你思慮過深，造成過多的想法，而無法理清。

只要你能找到排遣的出口，像是轉向靈性療法或身心平衡運動，你很快就能將負面情緒昇華。

關於愛情，
硨磲的未來是……

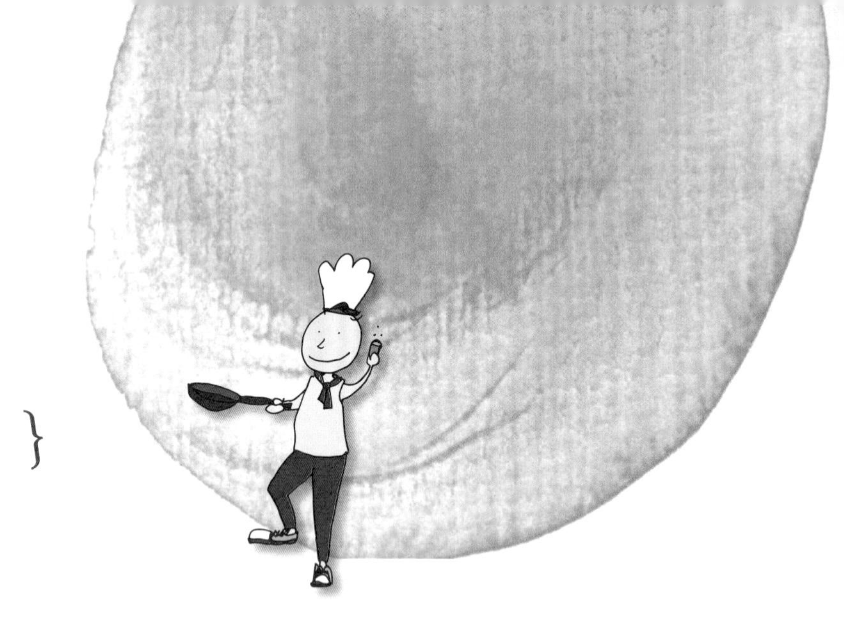

{ **誠意最動人。** }

在適當的時機，表現你的忠誠與決心，相信對方也會被你的誠意打動。發揮你溫暖迷人的特性，分享比起接收更能夠使人快樂。

如果，每一天都能在固定的身影中找到樂趣，這段情感也會成為你生命的助力。

你喜歡有共同目標與理想的另一半。

因此，在無法逃避的例行公事外，有個能夠砥礪與鼓舞的人，可以支持雙方不放棄嘗試及學習，進而發現生活的美麗。當然，情感本身就是一種學習。

既然穩定長久的伴侶關係是你的追求，對方也認同你的觀點，那麼在漫長的相處中經營樂趣，就是最重要的課題。

關於**事業**，硨磲的未來是……

{ **避免心口不一。** }

你可能過於輕忽你的能力，不要懷疑自己，你的天賦才能足以讓你勝任所有的職務，渡過所有的難題。

因為你總是表現出謙讓的姿態，並不主動積極的感受，因此某些時候，升遷人士的最後出線者並不是你。但是這並不代表你不優秀，而是性格使然。

但是你內心其實懷有期待，想在事業上有一番前景，因此很有可能會被有心人士感覺你言行不一，似乎在耍玩心機，但你並不介意他們誤解你。

靈性感受深刻的你，在工作職場上若能妥善運用，必定能有事半功倍之效。在社會場合中，也可以是組織型從業人員，瑜珈也可能是你工作以外的專業休閒。

關於**健康**，

礡礫的未來是……

{ **多接觸陽光。** }

如果總是帶有舉棋不定的想法，會影響到真正的判斷。即使是最艱困的時刻，如果保持正面信念，也能夠逐漸釐清烏雲中的明線，並抽絲剝繭。

從運動中，像是游泳等個人可以從事的活動，會讓你提升自信心，並加深相信自己可以的本能，不妨試一試。

另外，血液系統可能是你更須留意的問題。

因為長時間的勤奮與付出，造成你關注他人多過自己，熱心的性格也使你總在服務別人，等到忙碌完，可能真正感到頭腦的暈眩，循環供給系統失衡，會不會是貧血？或是某些血液上的疾病，可以找醫師做深入的診療。

8

象牙

信任與依賴的天秤

「嗚——嗚——嗚——」一聲號角響起，尋夢的時刻倒數計時。

你卻遲遲不敢起身，害怕失去安逸的宮殿與美食，擔心漫漫的未知與恐懼。你以為，身處城堡之中，就能享一世安心好眠。

是嗎？也許，未來仍有存疑，但不行動將只能站在原地。即使是在漆黑的森林，明亮的指北星，也能為你找到出路；即便內心疑惑滿腹，秉著堅持就能找出真相。

行動，除了依靠外在的幫助，人最需要的還是自己的力量。唯有自己願意走出迷宮，從迷途中悔悟，才有轉變的契機。這時候，努力與期盼，才派得上用場。

因為信任，所以願意給予絕對的自由，當然也需要負起生命的責任。因為依賴，讓我們分不開，卻不能讓過度的溺愛變成生命的阻礙。

懷抱信任，放下依賴，往夢想的前路勇敢出發。當春風吹起，我們可以欣賞群花；當冬霜降下，我們可以聆聽紛雪。

號角再度響起，而你已經走了好遠好遠，在移動的城堡之中，明亮的星象會協助你找到正確的方向，當你運用創意的點子，旅途中就能驚奇湧現。

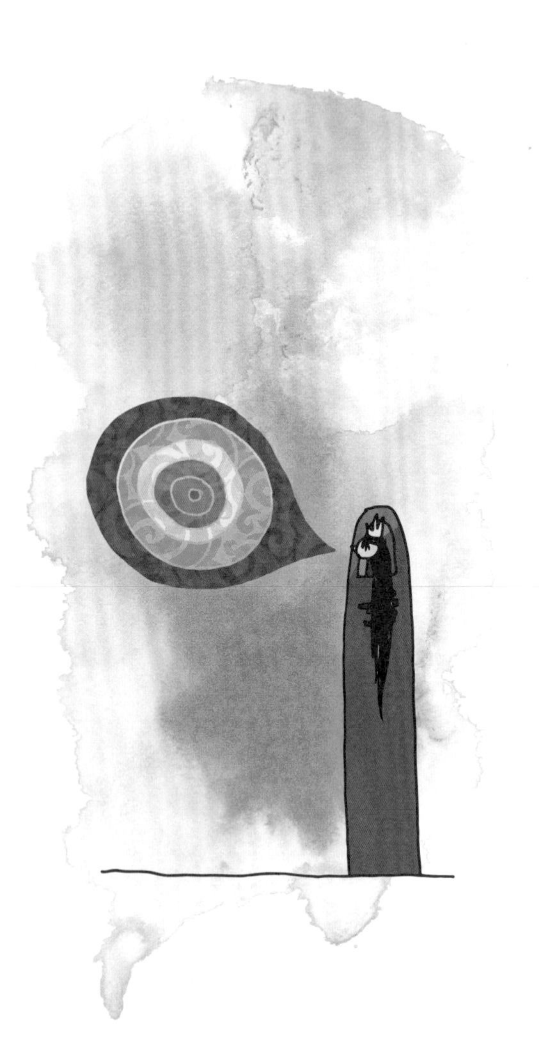

近況

鋭利的語言橫生愛情的距離，如果你常常以諷刺的話表示你的關心，你很可能用錯了方式，對方無法在你尖刺的指責與音量裡，體會到溫馨，更會因此逃離。

有時候，你急於表示友好與愛意，卻因為害怕失去而施力過急，反而嚇跑了初萌的戀曲。

能在既定的工作中獲得極高的賞識，然而你已經習慣了舊有的模式，單調的職務令你感到乏味。

在依賴與被依賴間，深藏著害怕和不安全感，試著走出舒適區，勇敢改變、努力爭取新的空間，也或許轉換性質是你的下一步起點。

近期可能會有蛀牙的問題，總讓你難以「啟齒」，找個好牙醫，把牙齒問題一併告訴他。在吃完食物後，記得保持口腔清潔，可能跋涉遠路、專注目標，疲憊的心神讓你忽略了刷牙習慣，可以隨時漱口並適當咀嚼薄荷片，帶來口氣清新，也能使頭腦加倍清晰。

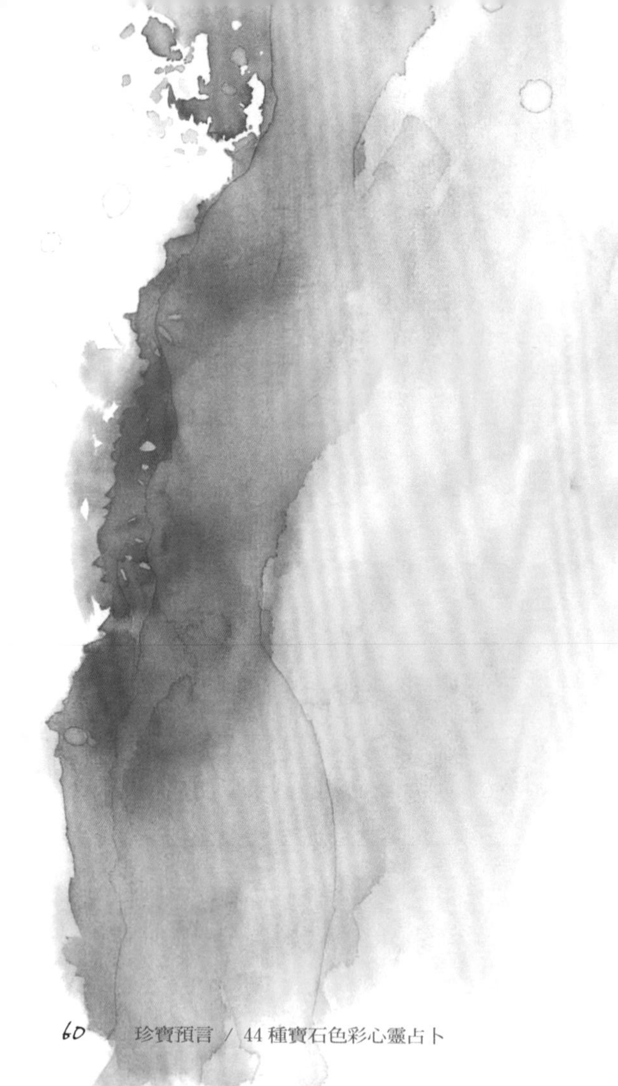

關於**愛情**，

象牙的未來是……

{ **維持信賴與耐心。** }

發揮你獨特的堅毅魅力，耐心會是你的優勢，改變策略，信任對方，對方也會因你的信賴語氣而產生共鳴。

你嚮往純白色質的純真，對方也能帶給你相同的期待，當你找到那個特別的情人，你很有可能產生強烈的依賴，太過緊迫盯人會讓對方喘不過氣，要時時記得你最初渴望的原型，不要讓過份佔有的情緒，遏斷了良好的互動。

試著與對方分享你的身心靈狀態，你的需求可能過於猛烈，但好好的溝通是必要的。不要讓親密感造成一種無形的壓力。如果能夠彼此無私傾訴，當對方理解你的感受，就會欣然接受。

走出舒適區。

外界並不如想像中的可怕，所有的恐懼皆來自你的想像。

當你邁開第一步時，新的資源會因運而生，新的創意點子也必然湧現，只要你願意並做好準備。

你是一名稱職的訊息傳遞者，盡心負責，把每一則上司的決策傳遞給各部門的夥伴，也善用言辭將夥伴的意見傳達給上司，這是個艱難的任務，而你總是輕而易舉地完成。

你也具備了企業的決策與行動先驅，可以擔綱重任，將營運拉高到一個新局面。

當號角吹響，不只是勝利的呼聲，更是光明的象徵。

關於 

健康，

象牙的未來是……

{ **小心骨頭碰撞。** }

平常要多攝取足夠的鈣質，牛奶和魚類，加上一般性食物均不偏廢，才能真正完善營養，避免及早來到的骨質疏鬆症。

也許你可能不喜歡喝牛奶，還有許多食材富含鈣質，都可以幫上忙。你的骨頭也許比較脆弱，只要碰撞到一些硬物，或摔傷跌倒就會引發一陣烏青，而且很難好，天氣轉變時，那些舊疾也常常困擾你，關節也會發出聲響，提醒你當日的心情。

檢視一下自己，是否常優柔寡斷，無法下決定，總希望由別人決定你的選擇，然而，別忘了生命是自己的，不下決定，其實也是種決定。

9

鈦晶

幸福的麥田圈

麵包店門口，香氣飄散，濃濃的麥香，令人彷彿沐浴在自然的金色麥田中，是種幸福感受。

誰能拒絕這片金色麥田？

真想把自然麥田的氣息也帶進室內，於是你開始整理。在整理的過程中，很少用到的物品、幾乎沒穿過的衣服，占據了大半空間，你毅然決然地將這些衣物打包，送給慈善機構，善盡資源流通。然後挪移傢俱，再把客廳廚房重新粉刷，換上米黃暖色系，完工後煥然一新。麥田圈的版圖擴大，從麵包店一路沿續到家門來，內心充滿著無限歡喜。

財務與生活一樣，該是整頓的時候，花點時間釐清跟規劃，才能看見自己真正想要的目標，也才能了解自己存在的價值。不管是內外在的生活領域，都能因為小小的整理、分享而有所改變。

人生就是一種「減法哲學」，知道自己所需、所想、所要，也知道自己不需、不想、不要，才能讓心靈空間容得下更多美好，成為一個真正懂得生活、享受生命的人。當陽光在屋簷前凝成一束束金線，雀鳥興奮地唱響收成的歌聲，願這片幸福的麥田圈，也能擴及到你身邊。

近況

你擁有強大的自信心，面對愛情能夠勇敢直追，對方也能被你的誠意打動。就算被拒絕，你仍可以和對方成為友人，態度從容大方，讓人對你留下絕佳印象。

你擁有過人的膽識，對於決策也都能明智的判別，格局與氣魄都十分驚人。對任何事都要集中注意力，才不會錯失良機，重新整合你的財富與生活，將能提升目標達成率，而強大的自信能使你逢凶化吉。

你性格也許有孤獨的一面，喜歡待在房間、辦公室或研究室好幾個鐘頭，甚至為一款新遊戲或新發明而廢寢忘食，記得讓自己休息一下，喝口茶望望遠方，能帶給你更多能量。

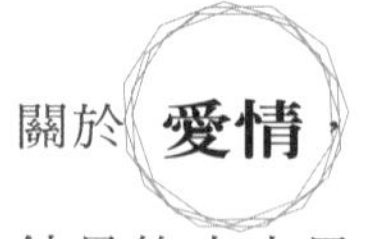

關於愛情，
鈦晶的未來是⋯⋯

{ **若即若離會讓情人失去耐心。** }

你擁有邱比特的愛情箭，本身就具有吸引異性的特質，彷彿只要主動出擊，就能輕易獲致第一步的相識機會。

在愛情關係中，你特別重視自由和空間，但你也渴望與人產生連結，因此拿捏比重就要更加留意，才不會使對方感到若即若離，進退失據。

因此，有時也要明確告知你想進行的步驟，對方若有意願，將尊重你的需求，並嘗試配合。當然，偶爾你也可以看看對方的感受，給予回應。

你可能是個獨行俠，雖然外表看起來愛好熱鬧，卻喜歡一個人獨來獨往，因此你也具有豐富的想像力，愛幻想，內心憧憬著愛情。

關於事業，

鈦晶的未來是……

{ 剛柔並濟，兩相調和。 }

老闆和領導者的差別，就在一個是坐在上頭遙望指派著，另一個是下來領頭，與夥伴一同打拼前進，當然你心目中的典範是後者，你自己也是務實的實踐家。

你擁有強韌的意志力，無畏挑戰。對於波動詭譎的局勢處變不驚，能夠帶領團隊走出困境，並穩定軍心。你懷有極旺的財力，特別是本身就有這方面的投資遠見，並能匯聚專業建議，懂得分散風險，另外經營公司讓你有所盈餘，近期也許將有展店或併購的打算，建立領域的龍頭寶座。在應對相處上，你總是流露出極強的企圖心，過度的硬派作風也許會惹人私下非議，試試剛柔並濟，將有助樹立個人正面聲望。

關於 

健康，

鈦晶的未來是……

{ 懂得捨得，將得到更多。 }

你可能有工作狂傾向，就算提著頭也會奮不顧身前進，由於你也是個完美主義者，因此有時別人並不太能體會你所要前去的方向和達成的目標。

別人不了解你，是因為你不願意傾訴，當你封閉了自己的內心，快樂自然被你關在門外，而心理往往會影響身體的健康。你也許有某種感應的體質，因此會有一些第三類的接觸，不管是神靈或鬼怪，只要存有善念就能全身而退，因此盡量不要深夜冶遊，也可避免遭惹不必要的麻煩。

神經緊繃會是你最大的問題，但是在你可能接觸到修行管道後，會慢慢找到消解。平日可試著靜坐，或參與入門禪修，再到進一步的靈性體驗等。

10

粉晶

面對激流的勇氣

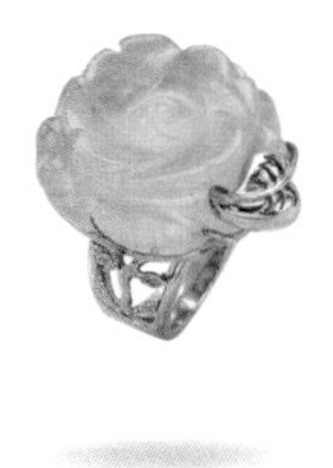

電影《一路玩到掛》訴說兩名本來陷在生活漩渦裡的人，因發現得到癌症而重新活出自己的故事，兩人不畏身體病症，勇敢體驗瘋狂人生。

「你在這一生有感到真正的快樂嗎？你在這一生有讓別人感到真正的快樂嗎？」面對死亡交逼，我們會是以何種面目，迎接最後的生命？

登高山仰天下，地上的建築與行人，彷彿螻蟻小物，車體像似玩具。經常從報章媒體看到，某某人想不開墜樓等，令人悚然心驚的報導。高處能使人忘憂，也能使人意亂，到底還是出於人的心境。

上天其實厚待我們，留給我們的許多寶藏，高山流水、萬花千草、珠玉珍饈，我們存活在充滿善意的空間。如果不珍惜不滿足，困於自造的羅網，再多的自由都無法游出去。沒有過不去的傷痛，只有放不下的情緒，別被激流沖垮，也別讓沮喪失意困住。

承認失敗，接受懊悔，但相信自己有改進的能力，毋須過度責怪自己，站在高處，難題就變得如此渺小，我們擁有能力改變它、扭轉它。享受美好人生永遠不嫌遲，燃起自己心中希望的燭火，拾回勇往前進的勇氣。

近況

由於你愛好熱鬧、看重朋友，也喜歡讓到訪的友伴賓至如歸，這點令情人有些吃味，甚至感覺你們的獨處時間受到打擾。因此，偶爾留點浪漫時光給最親密的夥伴。

你極富人緣，而且深具美感，懂得察言觀色。很有智慧的你，將工作與私人分得非常清楚，就算受到一肚子的氣惱，也不願意將上班所感染到的不快氣氛帶回家中。

某些時候會有緊張或壓力大的情況，肩頸部位過於緊繃，回到家可以使用天然薰香，運用色彩療法與靜坐，也能得到釋放壓力的出口。

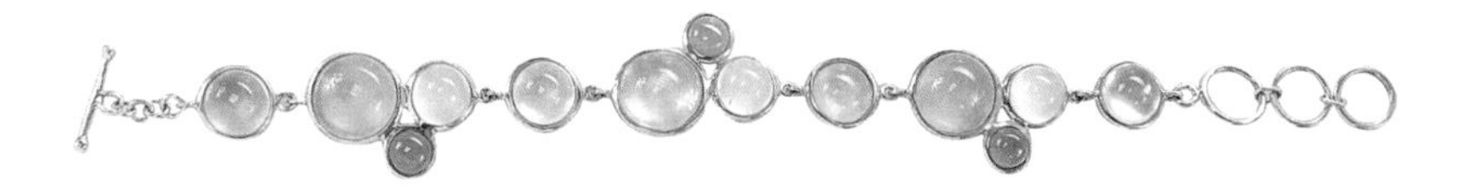

關於

，粉晶的未來是……

愛別人前請先愛自己。

你的情感豐富，流於多情，在桃花滿室飛旋的情況下，更須聰明選擇，勿被眼前炫目的伎倆所誘擾。

如果有個穩定的伴侶，可以不假掩飾地表現自己，會令你感到開心，《剪刀手愛德華》：「我愛你不是因為你是誰，而是我在你面前可以是誰。」好好讚賞這個勇敢的自己吧！愛自己本來的樣子，才會了解如何愛人，也才能明瞭愛的本質。

在脆弱的愛情中，信任是使它更加穩固的有力後盾，相信自己能夠擁有幸福，這一切就會到來。

關於 **事業**，

粉晶的未來是……

{ **避免牛角長上身。** }

在你的交友名單上有許多領域外的朋友，他們會為你帶來不可思議的好運。當然，這也是你一路廣結善緣的回饋。

喜好和平的你，總能善體人意，你也明白好的交際手腕，不如真切誠懇的談話。雖然輕聲細語，卻能將關心與善意傳達到對方身上，工作中也保有溫情，是你最大的優勢。

但要避免鑽牛角尖，當別人不再把目光停留在你身上，或對你的提案不願買帳，不是因為刻意與你作對，而是對局勢有不同看法的緣故。停止小題大作的無限上綱，坦蕩的你不需要小動作來回擊，這些無法順意的事情，能教導你更加圓融。

關於 **健康**，

粉晶的未來是……

{ 平等的愛帶來平衡關係。 }

要留意心臟方面的問題，像是心悸或心絞痛應該趕緊就醫檢查。

心臟是愛與內在智慧的中心，在運作的整個過程，其實就是愛與被愛的輪替，檢視與他人的互動中，對愛的認知是否平等。

你可能有養小動物，但不要讓動物鑽到你的被窩上，和寵物一同睡覺可能是有趣的，但卻是細菌共享的溫床。擁有善良心腸的你，也不要頻頻把流浪貓狗給帶回家照顧，這會讓你忙上加忙。

週末可帶寵物至大幅地的河濱公園，記得把狗鍊、飛盤和簡單清潔用具給帶上，你會擁有一個愉快的休閒時光。

另外，睡眠的品質不佳，很有可能是因為白日的工作氣息還沒放下，在睡前可以讀些輕鬆小品，聆聽古典音樂，喝一小杯養身酒水，都十分適合你放鬆身心。

11

星光粉晶

慶祝一切的發生

《臥虎藏龍》裡，林中對劍，李慕白、玉嬌龍輕功飛騰在一片翠綠竹林，盡顯中國禪境美學。

如果植物也有它們自己的江湖，那麼這裡的江湖顯得單純許多，少了打殺和砍頭，極老的智慧，方得以留存下來。山裡的悠閒對比都市人心煩躁，簡直是天壤之別。

從高山林木叢間往下望，可以看見許多車流，小小的五顏六色塊狀車，緩慢的流動。他們會不會發現，有個人正在高處望著他們？他們會不會也想空間置換？生活有許多道路可以選擇，就像開車上路，總想選出一條路況最快最好的，卻又擔心選錯，碰上塞車或落石，徒留餘恨。

就信任你的選擇吧！

欣賞身邊的人事物，重新發現世界的美好。學習山林溫柔質感與優雅魅力，領略翠樹的智慧與勇氣。珍惜選擇後的結果，不論如何，都是最棒的。展現個人智慧與優雅，慶祝一切的發生，好好扮演自己的角色，盡情欣賞每一次呈現出的曠世鉅作。

近況

活在當下，好好享受每個戀愛階段，任何對象的出現都有它的因緣，如果你選擇了這段感情，就代表你有責任去好好經營它，過程當中的磨合與學習，會在一段時間後成為養分，讓關係永保鮮期。

你的運氣極佳，常會接到莫名的邀約。但可能要避免鑽牛角尖，每件事的發生都不是單一出現，不管好與壞都要去接受它，享受一切的發生。

有時接到的專案，可能並不如預期，而花了你好長的時間，卻得不到正面的回應，就當它是個磨鍊吧。

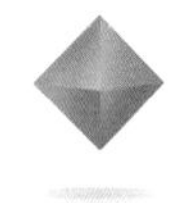

若因重視膚質情況，而習慣敷臉與保養，請先了解自己的皮膚狀況，留意可能產生的過敏情況。

關於愛情，

星光粉晶的未來是……

{ **活在當下。** }

你擁有星光般燦爛的自信神采，美好的自信使你獲得源源不絕的魅力，在愛情上，你嚮往誠實的關係，即便周圍有許多曖昧的示意，但你絕不會刻意給人無謂的想像空間，使自己身陷愛情迷障。

小部份，會有人故佈疑陣、欲擒故縱，讓你不小心陷入情感陷阱，這時你要看清實務，不要傻傻地往下跳，中了有心人士的圈套，也要避免單身赴約。

另外，也許你享受獨居生活，而能不感到孤單寂寞，認為一個人也能活出精采，不需要受限另一半加諸的束縛。

關於事業，

星光粉晶的未來是……

{ **捨得才能迎新。** }

活躍進取並帶有甜美清新的氣質，是你青春不敗的軟實力。你既有柔美的姿態，又有清澈的邏輯，因此在工作的大池中，你可以自由變換應對方向，不管是難纏的大老闆或迫人的接待，都能夠得心應手、毫不費力。

唯有捨得才能創新，多方涉獵是你的優點，但另一方面來看也成了缺點，無法集中的鑽研，使得你在各領域的成績停在不錯的平均值，要再往上攀登，建議專注在某幾個重點面向，深入研發，再憑藉融會之功，假以時日將必見大成。

關於**健康**，

星光粉晶的未來是……

{ **不吃來路不明的藥物。** }

也許你有固定食用健康食品與營養品的習慣，實質的運動雖然成效較緩慢，但會是更天然的，特別是活動中間也會帶來意想不到的樂趣。

盡量避免服用來路不明的藥品，也許標榜健康之林的食品也會有造假的嫌疑。可諮詢專業藥師，配合你自身情況的需求，才能對症用物，達到真正的功效。

另外，購買的場地、出處來源等，也要小心檢視，盡量找有品牌有公信的商場或工廠。

12

紅色碧璽

一分鐘一小時到一輩子

寒風瑟瑟的季節，接到了同學會的邀請，像是有人拿了一燭火在身邊，心頭升起了一陣暖意。多年未見的他們如今安好？身體是否無恙？是否有了好歸宿？工作呢？有太多的懸念，太多的掛心，一湧而上。

我們每個人都生活在各自的過去中，
人們會用一分鐘的時間去認識一個人，
用一小時的時間去喜歡一個人，
再用一天的時間去愛上一個人，
到最後呢，卻要用一輩子的時間去忘記一個人。

——《麥迪遜之橋》

年少情懷，彼此付出簡單卻深刻的情誼，一分鐘一小時到一輩子，淡淡如水、清清如泉，在心頭回甘，且越沉越香。如果說年少歲月是翠果，成年歲月是熟穗，那麼老邁歲月則是冬梅，各有各的魅力和風華。

也許魅力並不需要特別裝扮，依隨自然的更迭，春夏秋冬變換不同的外衣，只要內心永保一顆紅色活躍的心，就能彰顯自信活力。老友之間的談話、表情、舉止，不似往日，也不再有幼年的容顏，然而天真有天真的魅力，成熟有成熟的魅力，抱懷欣賞的眼光，每個人都是明星。

近況

最近的你想要放鬆一下，放個假、約個會，可以讓你熱情奔放，散發個人魅力。你對愛既渴望，卻也渴盼自由之身帶給你的輕鬆，在兩者之間，也許得取個平衡。

你能適切處理自己能力所及之處的份量，也能夠開發出自身的潛在力量，來挑戰新事物與新方向。你可以在發揮才能的崗位上，不只能完成所有的職務，還能樂在其中，找到當中的樂趣。

在清潔家居的空間時，也許順道改換一下生活的佈置，可以讓心情有所變化，不同的風格與圖樣，也能讓住在其間的人帶來新的生命力量。

關於 **愛情**，

紅色碧璽的未來是……

{ **減少操控欲。** }

你喜歡聰明、熱愛冒險的對方，因為如此可以讓你充滿熱情，使你放開禁錮的軀體，就像火種，一旦點燃，很快就能有回應，這也是你們最微妙的化學變化。

你具有強烈的個人魅力，是個帶電的磁鐵，然而，過於強勢及主觀，可能會為愛情關係埋下火種，有時可以將「肯定強迫句式」移除，例如:「我必須」、「你應該」、「我們一定要」之類的關心或請求，會讓人感到被操控，改以較柔和的溝通詢問，使人有所選擇，兩人之間的尊重也建立在共識上頭。

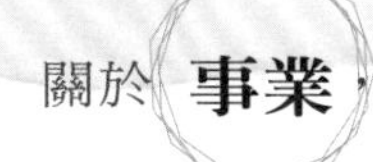

關於**事業**，

紅色碧璽的未來是……

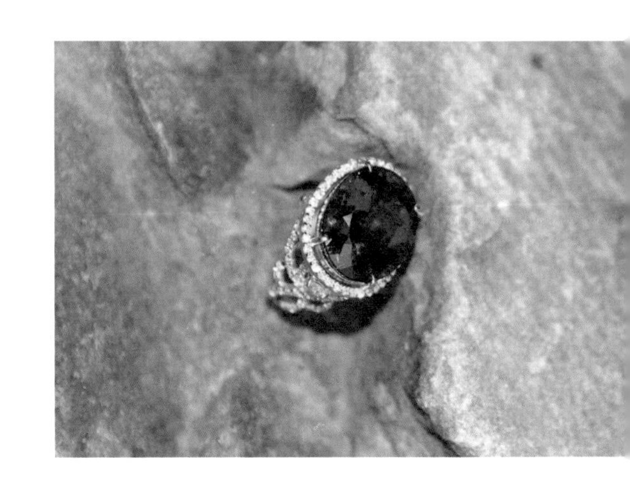

{ **充電時間到了。** }

你靜可做穩妥的行政工作，動可做靈敏聰慧的晚會主持人，跨越幅度之大，也常令人嘆為觀止，卻不知你背後也付出了極大的練習及努力。

你也許帶有焦躁的一面，會在內心的天使與魔鬼之間擺蕩，並任其互相打架，在腦海中想著「這樣好嗎？那樣好嗎？」或是「萬一怎樣？」會使你落入無謂的發愁，更影響了別人對你的信賴度。千萬不要讓焦慮與誤會成為失敗的藉口。

但休息，是為了走更長遠的路。一直處在緊繃壓力下的你，是該需要好好休息一下了，這世界上沒有一件事沒有你就不行，去度個假吧！世界仍會繼續運轉。讓頭腦放空，享受寧靜，擁有更高的清晰度。電力蓄滿，才能活力四射。

關於**健康**，

紅色碧璽的未來是……

{ **站起來動一動。** }

你可能會有膝蓋關節的問題，加上缺少運動的結果，精神可能會顯得較沒活力，骨頭上可能也會顯得呆板。也許你熱愛想像多於實際行動，現在就發揮「起身前進，不放棄」的運動精神吧！

個性過於固執、不知變通是你需要調整的部分，過度的固執己見會讓能量鎖住，無法伸展。雖然做事有你自己的原則，但記得要隨時保持彈性。

13

紅寶石

遙望烽火臺

人生無法等待，唯有落實行動，才能實現所願。

生命像拼圖，我們一塊塊、一步步完成圖樣，擺脫迷茫、解決困惑，有時我們受阻而無法前進，對未來目標一籌莫展，但如果不再思索、不再嘗試，那麼就如虛放的烽火，將永遠陷於拼圖迷宮。

因此，在傷懷之後，我們再次舉步抬手，對這片海闊天空的世界，宣告抱負，提醒自己不要失卻信心，找回迷失的指引，使我們得以跨越障礙。勝利就在眼前，偉大的夢想也要築夢踏實，每個人都是自己生命的領導者，無法卸除職責，將身心交由他人發落。

別擔心任何阻撓，只要目標堅定不移，嘗試不同的路徑，全力以赴，必定能夠達成目標。小時候玩積木，亂忙一陣之後，再通通打散，重新再來。

長大了，我們是否還有「重新再來」的勇氣呢？

人群之中的飲食男女，不管是投入愛情、工作或興趣，都需要藉由不斷的學習、歷練，才能邁向圓熟，並嘗出甜美的滋味。遙望前方的夢想，重拾信心、全速前進，將如火焰燃燒的烽火台，燃放出熊熊不滅的輝煌。

近況

你是熱情如火的情人，充滿熱力地展現出你的愛慾。而你所尋求的對象已經出現了。把自己交託出去，改變原有的模式，重新讓自己大量的動起來。

你喜歡在群體中獲得歸屬感，就像是大家庭中被需求的角色，而你也會希望每個人都能各自擔負好自己的職責。一頭熱的往前衝，帶領團隊獲得肯定，積極使你獲得聲譽，也為你帶來財運。

你可能因為接觸過多的清潔品、化學物或染劑，而對皮膚造成傷害，或掉髮情形，也許盡量減少染髮的次數，在使用化學用品時，可以多些防護，包括戴口罩、穿手套等，也能防止衍生呼吸系統的感染。

關於 

，

紅寶石的未來是……

{ **不要對愛失去信心。** }

過度的熱烈，也可能是虛放的烽火台，戰事未起，內心已飄起灰燼。

感情路並非你所想像的難行，你確實也擁有了不錯的對象，對方能傾聽你的感受，也願意和你分享生活點滴，只要你適度表達你的想法，感情會更加順利。

偶爾的爭執能讓關係保持健康，爭吵也是審視愛情的方式，既然拿出來討論，就有可以改進的明確事項，可以修正，就能及時遏止誤解。

你也可能有著冷漠的一面，不要讓自己成為冰冷的雕像或機器人。

關於**事業**，
紅寶石的未來是……

{ 避免師心自是，剛愎自用。 }

你要避免太衝，把頭給撞破，「留得青山在，不怕沒柴燒」，有時可再縝密的瞻前顧後，以保全自身。

學習多廣角地和專業經驗者、技術師合作，可以發現更有效率完成夢想的方法，也可以從不同的角度觀看當下的侷限。

你可能也有個硬脾氣，對於確定的事很難有轉圜的餘地，也不聽從他人的勸告與建言。

一切禍福自由心造，想法也會影響事件的成敗，當你轉動手上的串珠，學習從正面的結果開始期待，就會導向正確的前路，這是「心想事成」的神祕力量。

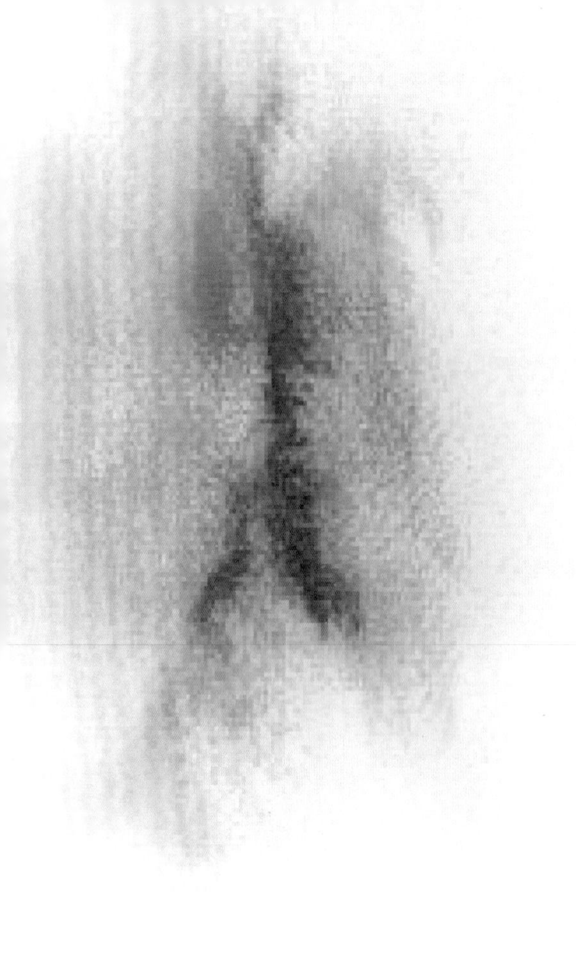

關於**健康**，
紅寶石的未來是……

{ 常保喜樂心。 }

一向健康的你，最近因為過於忙碌而有所怠忽，不妨利用時間做一次全身健檢，平時多注重細節保養，才能完美啟動每一次發亮機會。

也許長期的情緒困擾讓你有高血壓的傾向，高壓的工作環境裡，讓你處在焦慮、急躁的情緒下，都是因為你害怕沒有將事情做好的結果，或許做對事情比做好事情來得更重要。

你可能會有一些週期的倦怠性，應該是過於勞累的緣故。該是讓筋骨好好活絡一下的時候了，每天花一點時間運動，就能累積健康的財富。

當心懷保持敞開，喜樂將不只傳達至自己身上，身旁的人也能感受到你健康的光采。

14

菱錳礦

施與受都要平衡

一覺醒來，能夠感到平靜喜悅，就是幸福。尋常的生活裡，沒有過份計算與較量，可以得到平和的智慧，但並非要人就此不衡量，任由洪潮沖走所有，也不要緊。

有一位善心人士，總是固定捐錢給住家附近的老乞丐，看老乞丐孤苦孱弱，沒有親人隨侍相伴，內心將他視為長輩，因此每天經過總是給出好幾張的鈔票，乞丐每每看到他走來，總是很高興，對於他的慷慨也是頻頻點頭道謝。

後來，善心人士結婚生小孩，因為負擔變重，施捨慢慢從數張鈔票到零錢，有次捐五十元銅板時，竟被老乞丐給丟了回來：「你怎麼可以把要給我的錢，拿去養家活口！」

付出與接受，需要平衡，才能給的情願、收得感恩。別讓「愛」成為「礙」，付出與接受，就像跳雙人舞，兩相協調，才能跳出一首優雅的圓舞曲。

別再自以為是的等待給予，每天入睡前，心懷感謝，感謝那些願意給你幫助的人，也感謝那些樂意接受你善意的人。我相信睡醒後的你，能夠充滿幸福感，迎接喜悅平靜的人生。

近況

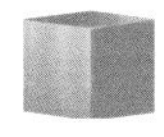

現在的你值得擁有幸福，而且已經擁有！

細心感受情人間的愛戀繾綣，便會發現愛從來沒有離開過，是自己將之遺忘。

你擁有豐富多元的靈感，也勇於表達你的主張，能夠在會議報告上侃侃而談，大家對於你的表現也滿是肯定。有時你也會不惜挑戰權威，用詞過於激烈，使場面有些難堪，因此你可以學習更謙沖地表示己見。

你要留意因忙碌而造成的免疫力下降，身體的淋巴腺，包括頭部、耳下、腋下、胸前和腹部、鼠蹊等，平日都可稍作按摩，促進新陳代謝、提高細胞活化。

關於**愛情**，
菱錳礦的未來是……

{ **追求靈肉的平衡。** }

很多時候，你不會過於強求，如果相愛的對方有了變異，你能夠選擇理性面對，並大方的給予祝福。有些誤會若沒有即刻獲得解釋，可能會造成情感關係生變，可以在疑惑發生的當下，好好的尋求了解，發揮體貼及關心可以化解傷痕。

如果你離不開對方，對方也不願離開你，那麼恭喜你，你已經找到了生命中最佳伴侶，浪漫的愛情除了帶來守護，也請誠實面對精神與肉體的平衡。

當然兩人世界的甜蜜讓人減去憂慮，但也要適當給予雙方呼吸的空間。有時你也應該將注意力放在自己身上，提升靈性成長，了解每一刻所需，並誠實表達。

關於**事業**，

菱錳礦的未來是……

{ 學習謙沖。 }

你充滿積極的態度，也能在工作領域中創造愉快的融洽，但你內心可能有自我否定的傾向，仍不滿意自己的表現，想要達到更佳的目標。

奶油上的櫻桃顯得既可口又甜蜜，有時候不妨給自己一些獎勵，除了為自己戴上信心的花冠，也可以鼓舞工作的辛勤。

你可能擁有明亮的相貌，以及陽光的性格，對於能力較弱的同事或屬下，都願意給予教導指引，因此也十分樂於付出。

你喜歡美的事物，卻不一定追求完美，在假日外出美術館欣賞畫作，或是到音樂廳聽一場交響樂的演奏，成了你最佳的休閒活動。浪滿思維，讓你成為同事、朋友間的美麗顧問，而你也能從他們快樂的笑容中，獲得滿足與成就感。

關於 **健康**，

菱錳礦的未來是……

{ **留一小塊蛋糕給自己。** }

因為你總喜愛分享，總把心愛的美食一一招待給前來拜訪的親友們，雖然過多的甜食對身體並無益處，也許只留下一小塊蛋糕給自己，讓自己也感受這份甜蜜。和伴侶的親密關係令你感到開心，良好的性愛也能平衡荷爾蒙系統，但也要避免讓自己歡欲過度，將導致生殖功能的障礙。

此外，你要留意心肺呼吸道的疾病，由於新世紀的恐慌經常是來自於病毒與細菌的侵害，包括 SARS、H7N9 等流感病毒，而呼吸道則是第一線易於遭受感染的部位，因此更不得不當心。許多嚴重的病症都是經由感冒等小症狀呈現，因此留意每個身體發出的警訊，就能令自己遠離病痛的威脅。

15

珊瑚

母性的力量

微笑是最好的語言，當然也會是最好的感謝。

我們感謝上天賜予人類這些豐盛的食物，感謝土地的慷慨，感謝雨水的仁愛，感謝農人菜販的辛勞，萬般的感謝在心頭，留有手心溫度的食材，是多麼難得、多麼深刻。

母性的力量使得一切有成，大地為母滋養萬物，天空為母包容飛鳥，海水為母廣納百川，山林為母遍植花樹，當然人類之母養育幼子，我們心中的母性消弭干戈、柔軟暴戾。

人心深處，該留有幾分母性的細膩，相信總有一份細膩的愛情，不管是對自己、對家人、對同伴，或對愛人，願意上菜場買料、親手下廚做飯，多了生活情趣，也多了責任感，這份柔軟力量，使人帶有母性智慧，你會發現，自己比想像中的還要堅強。

然而戴著堅強的面具，並不是真正堅強，學會面對，坦然釋懷，發揮母性的力量，才能讓你活出神采。找回自己本來的面目，拿掉面具吧！你會喜歡這樣自然的身體、自然的微笑、自然的律動。

近況

你可能有著出色的外表，卻不以此為傲，也能夠欣賞其貌不揚但擁有才華的對象。不過可能因為與伴侶的理念不同，會有些小爭吵，但你的母性包容，總能化解這份歧異。

你樂意與他人共享成果，也喜歡整體看起來漂亮風光，因此由你所經營的企業，常有絡繹不絕的到訪客人。

你也許有狡詐時刻，把脆弱的一面發揮極致，在事務上讓人願意主動幫忙，或利用他人來為自己的地盤鞏固勢力，但總是不要太過份，也須基於某種利益共享的生態。

注意脊椎上的問題，想想看是否長期走路駝背，請適度運動以加強骨頭的質地。

此外，由於過於耽溺於智慧的尋求，也許廢寢忘食，也許徹夜未眠，長時間極容易導致免疫系統降低，連帶著身體的病痛會找上門。

關於**愛情**，

珊瑚的未來是……

{ 跳脫傲慢與偏見。 }

對於情人的予取予求，雖然你總能退讓，但你更想找到琴逢笛手的夫唱婦隨、知心歡快。若是苦苦進逼，擠壓到彼此情感空間，你也會疲於應付。

記得某部電影台詞說過：「一個人總要走陌生的路，看陌生的風景，聽陌生的歌，然後在某個不經意的瞬間，你會發現，原本是費盡心機想要忘記的事情真的就那麼忘記了。」若是你正困於忽冷忽熱的情愛關係中，也許是該放手的時刻了，有時候跳脫原本的喜好與偏見，能遇見更適合的另一半。

情人雖非對手，但若能如對弈一般有退有進，善意的競爭也是親密遊戲。

關於事業，珊瑚的未來是……

{ **明天有明天的進度。** }

你可能具有幫夫運、旺妻緣，是另一半生活與工作上的得力助手。不過也許你的虛心寬容造成情人的不知足，桃花不斷的另一半總是惹你傷懷，為免最後落個「功成遺棄」，你也能主動出擊，將終結關係的主控權搶回來。

成熟的你已有本事獨立，就像經典電影《亂世佳人》中郝思嘉的名句：「不管如何，畢竟明天又是新的一天。」腳踏紅土，打起精神，明天仍會是充滿希望的！

你也是個知性而聰明的人，喜歡嘗試心智上的交流，這些富含智慧的建議都能讓你轉向更好的發展。

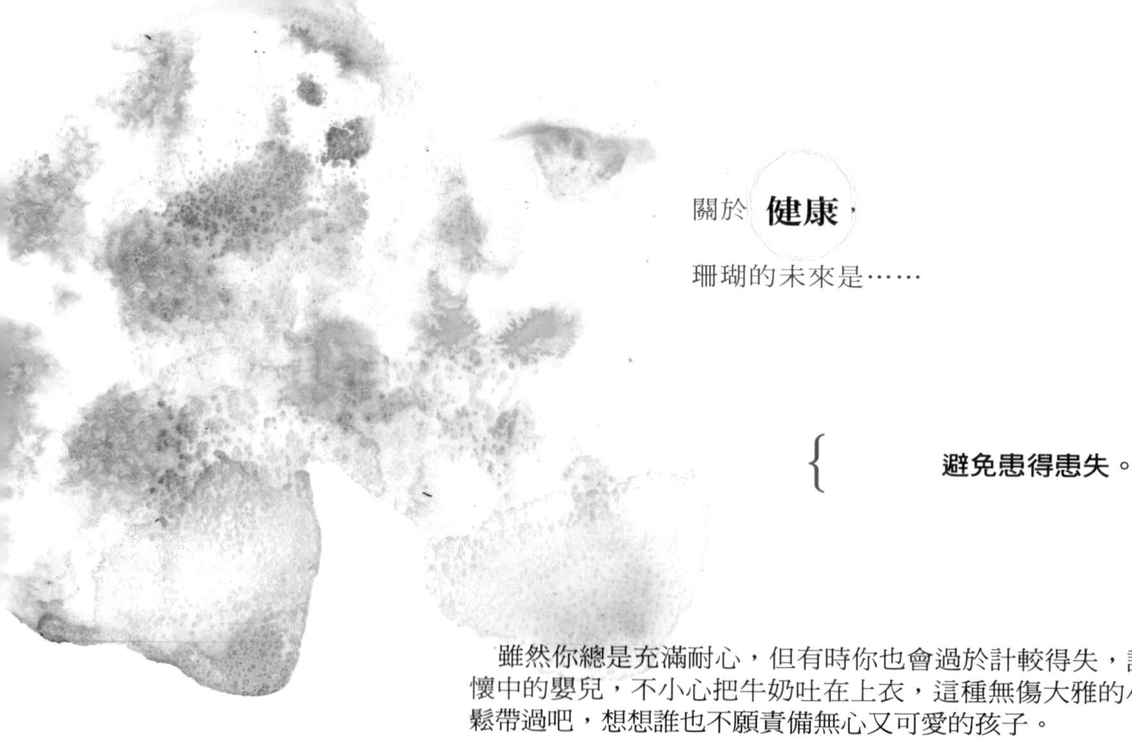

關於 **健康**，

珊瑚的未來是……

{ **避免患得患失。** }

雖然你總是充滿耐心，但有時你也會過於計較得失，讓心情過不去。好比懷中的嬰兒，不小心把牛奶吐在上衣，這種無傷大雅的小過失，就用微笑輕鬆帶過吧，想想誰也不願責備無心又可愛的孩子。

另外，要維持吃早餐的習慣，研究證實，長期不吃早餐會讓頭腦變笨、反應遲緩，創意活力也會跟著降低。

生活品質除了包含起居作息，還有正確的飲食習慣。相信節制的你，應該不會如此放縱自己。飲食上，可多食用藍綠藻類營養食品，補充身體所需。

16

老琉璃

終點即是起點

《班傑明的奇幻旅程》是一部風格迥異、充滿魔幻氣息的電影，主角一路返老還童，逆向生長，所以人生旅程也與眾不同。

班傑明說：「我知道這世上有人在等我，儘管我不知道我在等誰。但是因為這樣，我每天都非常快樂。」那是對生命的樂觀期待。

專注每個當下，樂觀以對。也許在某個轉角，會出現期待的蝴蝶。這個世界驚奇不斷，值得追尋、冒險，撿拾那些生命碎片，拼成一幅斑斕的圖片。

別急著將小說翻到最後一頁，生命的底牌從來不輕易示現，我們何必操之過急，忽略了路畔的花草、發亮的寶石，那是多麼可惜的事情。每個過程都是試煉，串連起來便是終點。我們可以清楚看到什麼是可行、什麼是風險，什麼是珍貴、什麼是無謂，走到盡頭的那一天，回頭再看一次，你會讚嘆自己的勇氣。

永恆來自每個片刻的累積，當你走到終點，會感謝這一路帶給你試煉的人事物。看清事實的真相，使我們更了解當下的狀態，也懂得調整。終點即是起點，當我們垂垂老矣，可以無愧生命，歡喜迎接這顆不老的琉璃。

近況

你可能喜歡獨來獨往，不愛惹人注目，但你特殊的沉穩知性氣質，也能吸引許多不同類型的對象。如果沒有意外，你通常都能有固定伴侶，除了親密相陪，也同步追求靈性的成長。

由於你的專注性格，能為工作夥伴導入規律與條理。有時候不必刻意隱忍爭吵與抱怨，在團隊中分歧的意見是常態，也是激生新創意、新點子的時機，很多富新意的提案、文案，常常都是在吵吵鬧鬧、喧喧擾擾中產出。

你喜歡收到禮物的感覺，也傾向具有質感且較貴重的禮物，因為可以明白友人對你的看重情形。你也喜歡收集手工精緻的文房小物，在書寫當中，能為你身心帶來平靜的喜悅。

關於

老琉璃的未來是……

{ **取得共識最重要。** }

有時你也會困擾於「柴米油鹽醬醋茶」的生活面，並且感到不耐煩，甚至差一點就為此動怒，可是仔細想一想，這些東西不是一個人的責任，你也有參與的義務，在討論的過程中，你也能從中得到諸多樂趣。

你有很大的原因，是因為把過多的精力放在工作或其他你熱衷的事物上，一方面可能是逃避親密關係，一方面由於你考慮縝密，想到了日後同居、結婚、生子、扶養的種種壓力。但這些無非是生命的經歷，並不需要過份擔心，只要一件件有所共識的成立，就不會是問題。

關於事業，老琉璃的未來是……

多方嘗試異業結合。

你的異業結合成果，可為你帶來十分可觀的收益，也贏得不錯的評價及掌聲。

除了追求實際的領土疆域，你更渴望充實靈性，沐浴在耀閃光明能量的場域。因此，踏遍紅塵路的你，遍嘗七情六慾後，也許你會慢慢領會一切的爭奪不再具有意義，並逐步走上靈修之途，成為別人的心靈導師。

你優雅穩妥的氣質，喜愛空間設計，能將房子打造得十分美觀且安全，溫馨打造的房子住起來讓人覺得十分舒服，不妨將這項嗜好當成第二專長，你會發現自己潛力無窮。

於工作中所獲致的財富可以更妥善的運用，密集投資不動產會是好的置產方式，讓名下擁有不錯地段的房產，可在退休時當個悠閒的包租公、包租婆。

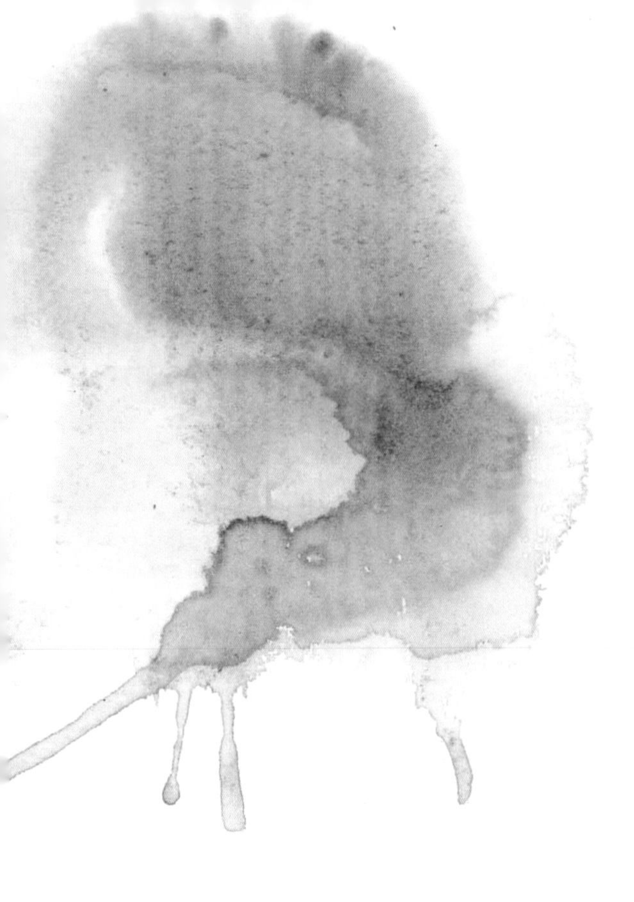

關於**健康**，

老琉璃的未來是……

{ 放鬆自己，順勢而為。 }

具有鑑賞品味，又注重細節的你，很有可能陷於苦思不得解的難題。

你可能會有頭痛時常困擾你，像腦中有梵聲嗡嗡作響，也許可做更深入的腦波檢查，也可能是因耳朵引起。

對於頭痛症狀，你可以嘗試冥想禪坐，這將為你帶來更深沉的平靜，有助你緩解頭疼帶來的不適，和平地與身體共處，接受它、面對它。

即使是樂觀的你也不喜歡被操控，努力地抗拒著，希望用全身的力氣奮力一搏，跳脫出束縛，殊不知，只要放鬆自己，順勢而為，你就可以看見生命的另一番風景。

17

紅石榴石

最寶貴的智慧行囊

我愛你，更愛我自己

電影《鐵達尼號》主題曲：「My heart will go on」，深情昂揚，襲上心頭，讓人想起傑克和蘿絲的愛情。那不只是愛情，而是一段負責任的故事，傑克啟發了蘿絲，令她能夠真正活出自己，拋開階級的假面，看清內心的所愛。

她活了下來，成了生活實踐者，努力嘗試各種興趣，懷抱傑克那份叮嚀，不讓空白虛度，開啟精彩豐富的餘生。如同紅石榴的心，跳動的脈搏，提醒我們，生命可以無聲逝去，也可以充滿意義。如果只是在追悔難過，未來將親手葬送。

望著紅塵的潮水，有些人輕易地被翻覆，因為失志，面對前來搭救的小艇，已經無力攀附。誰有義務永遠伸出雙手，亦步亦趨的搶救自己？

有時候，我們承受過多的壓力，背負太多責任——自己的、家人的、朋友的，想放掉一些，但無從下手，壓抑著的情緒，隨時處在滅頂的邊緣。把別人的責任過份攬在身上，也讓他們失去了學習負責的機會。放手吧！主動尋求支援，並找個信任的人說出來，讓紅石榴般的心，再次熱情跳動，讓畫筆般的手，再次為生命繪出彩色。

近況

你對愛情具有貞潔觀念，除了對伴侶有極大的忠誠度，也對手足朋友懷有友愛精神，因為你渴望大家庭式的親愛關係。有個穩定的親密關係，能讓你獲得生命的熱情，你的熱情，同時有助於情感的維繫。

你似乎和任何人都處得來，並有著母性的包容，樂於付出的開朗形象，使你充滿大度，在工作上也往往能獲得實質的回饋。

你的貴人運極佳，可能由於你平日所經營的善意，讓人樂於引薦提攜。你的熱心可能也會遭受利用，玫瑰都有小刺來保護自己，你也需要不讓冒失的騙子誤傷你。

你可能在肩頸部位感到痠疼，以及血液循環不良的情況。工作中的小運動能減緩身體的不適，也能活化頭腦、刺激創意。

現在的你，最應該做的事，是放下身上的重擔，找個信任的夥伴相談，或與三兩親友相約，好好大玩一場。享受工作、樂在生活，能為生命帶來更多的變化。

關於**愛情**，

紅石榴石的未來是……

{ **切莫苦苦相逼。** }

你像一朵紅蓮花，有著濃艷質麗的外貌，務實體貼的性格，也能帶給伴侶溫暖的感受。但可能也喜歡掌控，誤解了關心的距離，也會讓與你相處的戀人感到壓力，對方可能只是和朋友外出，或忘了告訴你週末的行程，你會追著通聯，像私家偵探一般逼問著到底有沒有出軌，把自己繃得太緊，對方也會被你搞得緊張兮兮。

固定伴侶帶來的穩定感，使你擁有積極的人生，願意為這段情感付出，並試圖經營出更美好的遠景。

紅石榴石的未來是……

{ 莫忘初衷。 }

《少林足球》:「人要是沒有了理想，那和鹹魚有什麼分別。」有時你可能會過於意氣用事，而忽略了早先創業的理想，那過往簡樸的初衷呢？成功並非要拋掉一切美好的信念。

坐上高位的你，也許會有一些懷疑的聲音傳到耳邊，你可能會因此而受傷，並感到灰心，因為那些人曾經往來那麼親密，也許是眼紅或妒忌，

你能明白「高處不勝寒」的道理，學習穩重，不要切斷你的善意，有一天你的努力會被證實。另外，要避免長時間加班損耗了精力。

關於**健康**，

紅石榴石的未來是……

{ **走路時，請停看聽。** }

在工作，你埋守專注其中，不會顧及到其他問題，特別是健康的警訊。肩膀的僵硬越來越嚴重，讓你不得不重視自己的身體變化。

肩膀是呈現做事能量最深層的一面，試問自己對於現在所做的事，是你真正想做的嗎？現在的你真的可以自在地表露心事嗎？害怕面對自己，寧可委曲求全嗎？在認真工作之餘，也要照顧好自己，讓自己感到自在。

要留意交通事故，很多意外都是因為一時疏忽所致，上路前一定要睡足，並提醒自己維持良好的精神狀態。在做事上，可能會有一些小挫傷之類的，都是因為太過大意所致。

18

黃色碧璽

終結黑色幽默

有個媽媽帶著小孩搭捷運，也許因為焦點集中在孩子身上，沒有特別留意自己，束之高閣的玻璃鞋，髮型簡單盤上，連衣飾也是舊款式，只是擦了一點隔離霜、遮瑕乳，難道，這就是女人的美麗終結？

當然，美麗並非全靠外表的裝扮，也許成為母親之後，替丈夫打扮、兒女奔忙、整理家務，開口閉口媽媽經，也能有某些程度的成就感。各人心甘情願的選擇，「歡喜做、甘願受」，從來無法定論誰最幸福、誰又受了委曲。

有個媽媽帶女兒去做制服，到裁縫師那裡，只說要做制服，卻沒法跟裁縫講明所需，就在猶豫之際，制服做好了。上衣變成半長不短袖，下身則是一裙邊一褲腳。這是個笑話，但是故事背後的「猶豫」，是否能讓我們警醒？

所有的決定都是正確的，只要有方向、有目標，並願意對後果承擔。

學會勇敢下決定，在每次決定之後，一開始也許會害怕失敗，但不要忘了，最壞也不過是從頭來過。當你真心渴望、目標堅定，所有的事情都將依照你的期望發生。信任你所下的每一個決定，激發自我實踐與積極的意願，會為你帶來更多好運。

近況

面對喜歡的人，主動出擊，要能抱持就算被拒絕也無所謂的心態，如此將有助於你往後的情感接觸。

你的理想待遇，將出於選擇，而非出於被動要求，若是你已經擁有堅厚的實力，可以勇敢對外尋求，待價而沽，相信會有更好的報酬。

在用餐或飲水時，盡量避免說話，讓空氣跑進肚子裡，容易造成打嗝。若有腸胃不適的現象時，麵食類及甜點零食，暫時不要食用。

黃色碧璽的未來是……

勇敢面對舊傷口。

放掉不理性又猶豫再三的想法，也不要過份期待別人來滿足你的需求，在交往關係上，並不能一味的要，卻吝於給予。面對情感的決裂，要有勇氣接受錯誤的相遇、正確的分離，避免陷在情緒中無法掙脫，傷害你最深的還是自己。

學習處理舊傷口，勇敢正視它，當你真正釋懷，它便會癒合。

你本身即具有獨特的魅力，相信自己擁有電力，不要讓猶豫不決的性格影響你。你的快樂其實並不需要仰賴他人，你卻可以主動與他人共創更 大的快樂。

對另一半的愛情經營，你有潛力成為浪漫家和實務家，令對方感到心花怒放。當你相信並熱愛這一切，就能發現你已是眾人羨慕與追逐的對象。

對你而言，愛與性都有著極大的吸引力，因此你嚮往身心靈的連結，享受兩人之間的靈慾滿足，不拒絕展開新同居生活，以結婚為前提。然而要留意若過於沉溺於情慾的追求，也會降低情愛的本質。

關於**事業**，

黃色碧璽的未來是……

{ **高處不勝寒。** }

也許你目前困於加班之苦，學習以更具創造力的方式，來完成工作，會令你效率加倍。也許你是個小資創業者，面對集資夥伴或同事之間，發揮接納與欣賞的關懷，處於融洽的工作場合，將形成一張網，凝聚你們的向心力，共同為著目標前進而努力。

也許你曾因上級或同事無視你的提案而傷心，但無須對掌控不了的事難受，你能主宰的即是自己，只要你勇敢的表達，他人的無視或批評，都不再重要。不必把生命的每個選擇與回應看得太嚴肅，保持豐沛的能量，你會更發現自己真正的需求。

你潛在可能有集權的念頭，你喜歡你的夥伴可以跟你走在同樣前進的方向，有時甚至連步伐都要求一致。然而你可以選擇不同的方向來歷練人生，不用太過嚴刑重苛，權力和金錢並不能真正確保永恆的喜悅，也無法保證友誼的真誠。爬上雲梯的至高處，若少了足以分享的樂趣，也會感到寂寞的啊！

關於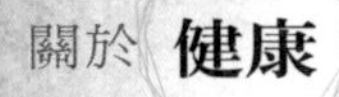

黃色碧璽的未來是……

{ 小心上火。 }

由於你有猶豫的習慣，造成你生活作息的不規律，有時因為一些事情而強忍著生理需要，抑制了身體正常運作的時機。

此外，可能痔瘡正長期困擾著你，由於不太好意思向他人提及，加上工作得長時間維持坐姿，因此可能這種病症一直斷斷續續地發作。近期飲食習慣失衡，作息失調，也會使得火氣增大，可以服用消炎或降火氣食品，像是降火茶、冬瓜飲、青草茶等，建議以自然熬煮不加糖為宜。

除了在飲食上的調整之外，改變過去就有的舊思想也是必要的，別被過往的經驗所困住，時代的快速變遷，或許需要時間調適，卻也需要加緊腳步跟上。

19

黃金

一座充滿快樂的黃金城

分享將帶來更大的豐收，無私令你獲得靈魂的富足。燃起一盞熱暖的燈火，分送光明，照亮的不僅是自己，也會照亮周圍。

王爾德（Oscar Wilde）的《快樂王子》，是則諷世的寓言，儘管王子和燕子因為無私付出而犧牲性命，慷慨溫情卻永留世間，雙雙成為天堂的使者，永住充滿快樂的黃金城。

將寶石取下，一片片金箔取下，一直到絲毫不剩，從無保留，就算風華不在，這偉大的情懷卻讓他更值得佩帶及擁有，沒有人比他更有資格住進黃金之城。

當明白什麼是分享，風會替我朗讀，在沙沙的聲響之中，撐過寒冬，就是春暖花放的繽紛，就算把戒指、衣裳、頭髮都帶走、都剪去，溫暖終究佇立在我的心裡頭。

儘管，有時我們也會自私的保護自己，請別忘記，敞開心懷，聆聽風的指示，相信自然帶給你的感受。風不會因為自私，就拒絕傳播、流動；河水不會因為自私，就停止奔揚。你怎麼可以因為失去信任，就把心給封鎖、把愛拒於門外。

親愛的，你值得擁有一座貼滿金箔的黃金城，就勇敢燃起一盞燈、跨出心門，廣場的歡笑永遠為你而來。

近況

在兩人關係中，你的身段既可柔軟如水，像溫馴的貓咪偶爾撒點小嬌；有時你也高傲如王，擁有絕對不可違逆的命令，隨視場合而異，因此你們可以在角色扮演中獲得樂趣。

你有很強的財務規劃能力，因此你很少假手他人，對於投資，你也有個人一套模式，雖然是老派的藏金造磚，卻更能不受匯率貶值而波動。

如果內心持續不開心，也會造成免疫力的降低，使身體易於遭受病毒細菌的侵擾。容易會有消化系統上的問題（如大腸激躁症等），避免長期食用烤炸類食物。

關於**愛情**，

黃金的未來是……

肯定自己的價值。

就像是廣播電台的頻率一般，你尋找可以吸引你的正確頻道，如一顆小石擊中流動的河水，牽引出的一圈光波，不同的力道將有不一樣的呈現。

對於形象有不同姿態的呈現，和你相伴的情人，也為你這股青春神態而傾心不已，也能將這份能量感染到其他人身上。然而不管角色如何變異，在你心中，愛仍是心中的第一位。因此你可以提供最實質的給予，令伴侶生活無虞。

你可能會追求過多無謂的裝飾，若能對生命價值有所肯定，你追求的層面也會更加寬廣。此外，也許你很害羞，才會時常藉由扮妝來達到內心的滿足，肯定自己的價值，就能以最誠懇樸實的姿態感動他人。

關於事業，
黃金的未來是……

{ 保持彈性。 }

但是在生活中，你也許並不相信自己配得美好的事物，當美好的事物來到你眼前，總會有個疑問：哪有這麼好的事？然後便推開。雖然內心卻又十分渴求，為保護自己不因此受損害，於是含淚忍痛的犧牲。從現在起，聽從你的直覺，將「不配」的信念拿掉，相信所有的美好都將來到身邊。

保持你的彈性，大方接受工作上的任何挫敗，雖然意料之外的失敗，造成情緒上的低落。帶給你不小的打擊，但只要不讓意志就此消沉不振，從過錯中修正細節，將令你獲致更大的機會。

你可能擁有極佳的外表，加上口條不錯，很能用實際語言和利益等全盤面向的綜合評析，取得他人的認可。

另外，也許你可能有些封閉，試著敞開心房與他人合作，可以從交流當中獲得更多回饋。也不要吝於給予，你擁有的將比你給出的多，同事朋友間的互相幫助，會在你有難時，伸出一把救急的手。

關於 **健康**，

黃金的未來是……

{ **別當沙發人。** }

你可能會時常有疲倦感，特別是下班後會非常明顯，倒在沙發上便睡著了，也許連晚飯都還來不及用。若沒有固定且正常的進食時間，也會加劇身體的惡化，隔天一早會發覺犯了落枕和肩頸痠疼。

你也許有因固執而生的硬骨頭，但缺少潤滑的關節卻容易磨損，建議多補充鈣質類食物，並曬曬太陽、補充熱能，維持你明亮的形象。

有時你可能會因「一頭熱」便勇於嘗試，你所處的環境當然也樂於接受你「變色龍」式的多角經營，但你得絞盡心力去思考變化的樣子，也頗費煞苦心，有時也有迫於無奈而生的不得已，造成身心上頗大的壓力。

除此，便秘也許一直困擾著你，缺水會是最重要的因素之一。

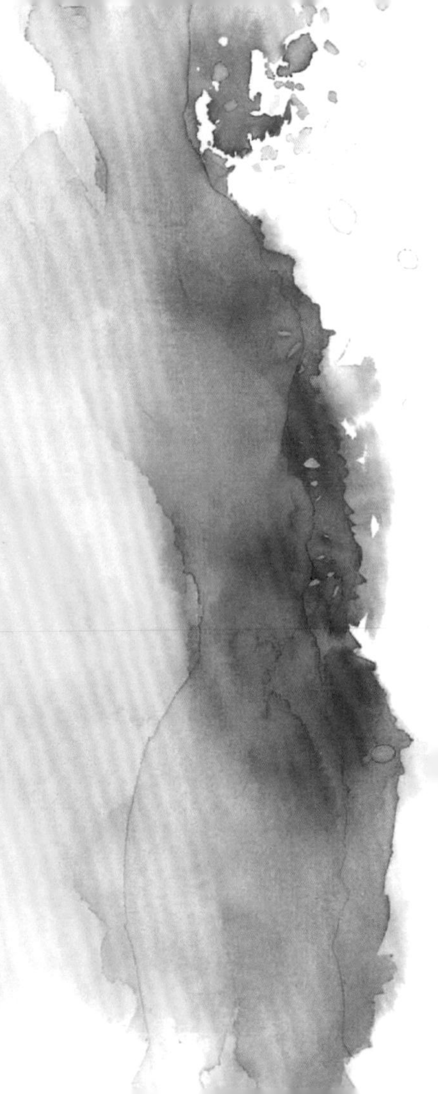

20

琥珀

對自己誠實

朋友送來一罐蜂蜜，用透明的方形玻璃瓶裝，在天然光照下，它顯出晶瑩的質地，琥珀般的柔美顏色，令人看了垂涎欲滴，真想就直接沾著手嚐嚐。

買了鮮奶土司，緩緩地用勺子均勻塗抹，呼出口氣都聞得到清香，入口後融化成一股馥郁，彷彿在舌頭裡灑上花蕊。

我的身體很誠實，對美味的蜂蜜上了癮。蜜蜂誠實，知道自己要哪些花叢，就往哪裡飛尋，釀成美味的蜜露；我們的感官也誠實，知道為什麼受這股氣味吸引，喜歡就喜歡，不愛就不愛。

如果我們不誠實，違背自己的良心，把喜愛的當作不喜愛，把不願意的當作願意，那麼做的過程中也會感到沮喪，情緒影響行動，提不起勁、揚不起熱情，將連帶影響結果的好壞。

聆聽內在的聲音，對自己誠實，面對人生的各種挑戰。如果懷抱熱切的信心，你會看見醜陋正在蛻變，也會發現痛苦正在縮減。

追尋的過程中，疲憊跟不舒服是必須面對的關口，若能經歷並享受它，抵達終點後，將帶來難以言喻的舒暢。我將這誠實的蜂蜜水，送給自己，送給所有前往夢想的人，願這份踏實永遠相隨。

近況

你雖然具備敏銳的感受力，卻很難對別人一見鍾情。通常你對某個品牌擁有死忠的愛好，也會固定在幾家餐館轉來轉去，因此反映在愛情關係，你也會是個追求穩定單一的好情人。

你的善良無欺讓人留下好印象，但也許還是有人會對你的誠實大為光火，因為你無意中損害了他們的利益。

有時你可能偏愛夢想，多於現實情況，因此多少帶有一些孤僻的性格，不想與人過份親近，特別是在職場上。

你會是個有條理的人，因此家中的整潔會是你注意的重點，你總是留意每個角落是否積垢藏灰，打掃讓你的環境美觀，也能使你心情開朗。

要留意提舉重物，需要更有人體工學，可運用機器設備，否則會損傷腰部，更易發生扭傷、肩頸痠疼的問題。

關於**愛情**，

琥珀的未來是……

{ 分手可以是朋友。 }

雖然有時候你也會跟情人吵架，但好內省的你，會在爭吵過後，重新思考整件事情，你會試圖在這當中找到溝通的關鍵。

你也許喜歡拍照，甚至為此花了大錢買單眼機具，繳學費學起攝影，在你和情人出遊時，可將快樂融洽的時光，凝結成一張張不滅的印記。

成功的戀情讓人快樂，不成功的愛情也能讓人愉悅，退一步，回歸友情階段，能有更多的了解，以及更明白坦率的指點，因此「好心分手」是可以被成立，奠基在你的樂觀、他的開明。別怕協議離開那一時的痛，至少你還留有過往甜蜜的點滴記憶，下回面對舊情人在路上招手，也請克服彆扭的尷尬，勇敢給對方一記微笑吧！

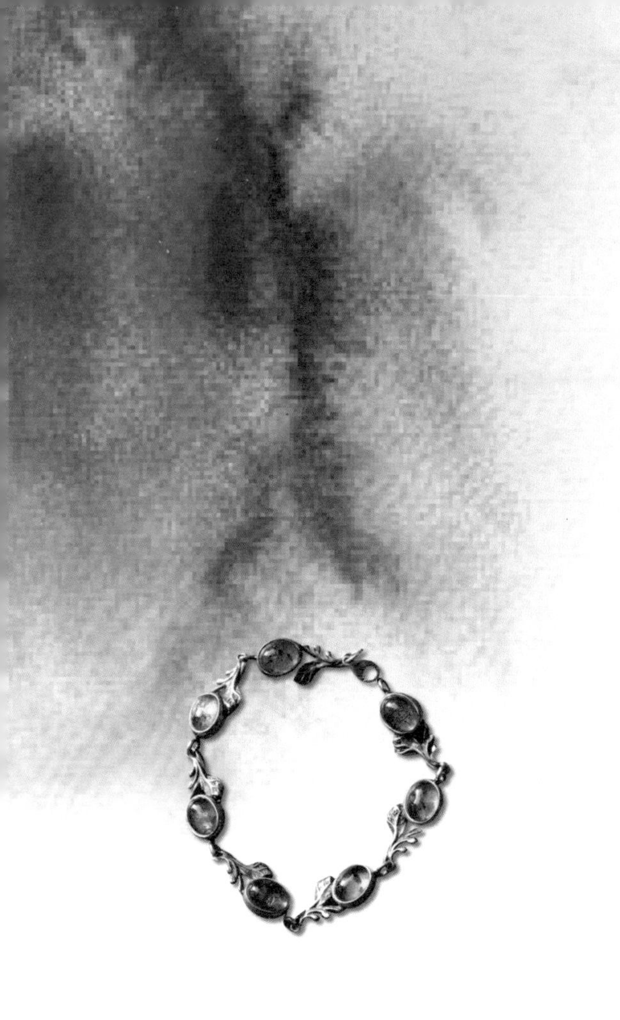

關於事業，琥珀的未來是……

{ 學習平衡。 }

你相信每個人都需要在「利」與「義」之間保持平衡，才有權對生命加以發言。因此你看重任何形式的承諾，也痛恨誇口的誘餌及大餅，因此你選擇服務的公司是否能賺錢，並非你考慮的唯一重點。

另外，也許你個性中有隱含逃避的力量，會厭煩於每週一的開工時間。但在工作上你能打破既定的行政章法，賦予更簡潔有序的方式來完成任務，建立更好用的流程系統。

蝴蝶破蛹而出的時候，需經過一番掙扎才能展現美麗的體態。人類亦如此，在成長的過程中，必有所掙扎，並經歷痛與不舒服，好好享受這過程，這是成為未來的你的養份，別抗拒，當你走過這些歷程時，會感謝這一切的發生。

關於健康，

琥珀的未來是……

{ **避免強迫症上身。** }

過於吹毛求疵可能並不適當，和你同住相處的人可能會無法習慣。另外，換季的天氣影響了你的風濕，以及好發作的偏頭痛。

你可能會有些許的完美主義，想把眼目所及的周圍環境美化，卻陷入自我中心而不自知。當然，你不僅嚴於待人，更嚴以對己，特別是在飲食上，你會刻意追求健康平衡，而去嘗試一些不夠美味的青蔬食療，卻往往讓你消化不良，有些食物也許並不那麼適合你的體質，那麼就輕輕放下它。

在日常生活中，你是極有耐心的，就讓這份有序敏銳的感受力，帶領你打造更美好的飲食樂趣。

21

玫瑰鹽礦

希望的輻射

舞蹈、雜耍、彈吉他。街頭藝人使盡力氣表演，只為了離夢想更近一點點。

我總是把雙眼及掌聲，留給這些表演者，有人轉動水晶球，輕盈流暢的手勢，搭配空靈的樂音，使人神迷；有人帆布鞋配吉他，唱響心中的夢想；又有人跳著俐落的舞步，音響是他唯一的夥伴，舞動四肢，華麗又儉樸。

他們都是年輕人，我從他們灼熱篤定的目光中，看見起飛的翅膀。角落裡，許多人為生活努力著，沒有人可以因為看見別人的光芒，就說自己比較難過，卻忽略了發光背後的持續奮鬥。

我們學著欣賞，並從那些熱血中觸到溫暖，將這份能量輻射給更多的人群，讓他們也進駐希望。你就是一朵鐵玫瑰，不怕任何雨澆風擊，再大的磨難也能挺過身去。

這次跌跤，拍拍屁股站起來，下次就知道回身的姿態；期待落空，就把夢想的碎片重新縫補，拼組成一個新的期待。永遠都不要害怕前進，因為自此停止，將不具任何可能。把每一天都當成生命中的最後一天，珍惜每個瞬間，勇敢實驗與嘗試，創造不同的結果。

近況

你可能會想依循別人戀情成功的模式，頻頻打探細節，複製一招半式來作為交往的秘笈，但卻忘了你自己可以創造更別緻的情節、更幽微的甜蜜。

戀情的經營沒有依循途徑，也不該照本宣科地胡亂示愛，唯有用心才能成就。

你的手巧心細，加上貼心的性格，懂得他人的現況需求，並給予實際協助，夥伴們除了在工作上，也傾向在下班後約你一起休閒娛樂，唱歌或逛街。

但是也許你可能會被牽著走，為了夥伴們的興致而去了自己沒有意願的場所，雖然沒有大礙，但可嘗試勇敢說出自己的提議，你也許能將地點帶往更有雅趣之處。

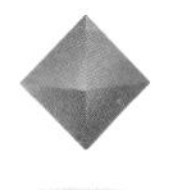

嗜吃甜食、愛喝冰飲，在清潔不留意情況下，你可能會容易有肚子疼痛及染患感冒症狀，若是女性，在生理期可能會有較大的不舒服感。可以試著以中草藥來調理身體。

關於愛情，玫瑰鹽礦的未來是……

偶爾冒一點合理的危險

猶如買了一份知名食譜，你按照上頭的指示一一如法泡製，一個戚風蛋糕圖片看起來很簡單可口，似乎很容易，等到你烤好後，才發現不管是外觀或口感都不如預期。

在合理的範圍內，有信心地冒一點小險，可能會帶來新的嘗試和刺激，帶著情人嘗遍每家餐館，喝遍每家咖啡，遊遍特色景色，增加你們愛情履歷的足跡。有了搜奇爭鮮的看路經驗，下次你自己就可以找到另一條依循的前路，為愛情注入更久長的保鮮。

除了在生活中增添小情趣，豐富愛情關係，也要學習將愛昇華，才是永久之道。戀人的最後歸宿即是家人，但保持這份鮮活的熱度，就能在家人的條件下，仍不失趣味。

關於 **事業**，

玫瑰鹽礦的未來是……

{ 勇敢選擇，拒絕標籤。 }

既然擁有發言權，也就有了選擇權，它能為你創造更多的機會，不管是私下的遊興，或工作實務上的建言。

為你擁有自由的選擇權慶祝，不滿意就再繞回到起點就好，不感興趣之地，下次你更可以勇敢拒絕參與。

人間的每件事都是日常隨機選擇的結果，若是面對抉擇時能夠肯定果決，能為你減省許多麻煩事。然而，有時你可能會有過於侷限的負面想法，腦海中浮現出：「我可能不可以」、「我可能做不到」之類的自我否定，停止給自己貼標籤，也不給他人貼標籤。

由於您的明確選擇，會讓你帶來街知巷聞的業界聲名。細心的你不妨讓自己擁有第二項專長，也許是手作 DIY、糕餅甜點等，除了增加生活樂趣，更能突顯你鮮活的形象。

關於**健康**，

玫瑰鹽礦的未來是……

避免高糖量。

高含糖量與高澱粉質的點心，建議盡量減少攝取，過多的糖分也會影響情緒的穩定，並造成高血酸與膽固醇過高的情形，增加罹患糖尿病與高血壓等風險。

另外，你可能會有呼吸系統上的毛病，可以嘗試以「呼吸冥想法」來調節身心。「呼吸冥想法」：在燃亮一座玫瑰鹽燈的房間床上坐下，也可以是在軟墊上，用鼻子緩緩地吸上一口氣，把氣息憋在體內數秒鐘，從三秒、五秒、再到十秒，想像清潔的能量被吸納進來，再張開嘴巴，慢慢地吐出變熱的氣息，那是體內所排出的晦氣，如此運作幾回，可以加快代謝循環、增加免疫力，提高心肺機能，並能減少感冒。

22

髮晶

金麥髮絲的療癒

《小王子》裡，狐狸不和小王子玩，因為牠還沒被「馴養」。

「什麼是馴養？」小王子問。

「就是建立關係，本來你我和成千上萬的生物沒有不一樣。假如你養馴了我，我們就彼此互相需要。你對我來說將是世界上獨一無二的！我會辨認你的腳步聲和其他人不同，當你走近，我會心跳加速、滿懷喜樂……。我會愛上風吹過麥田的聲音，就像你在輕撫我、呼喚我……」

因為「馴養」，人與人、人與物之間才有了連結，更大的意義在於承擔與分享，裡頭有著強大的責任。因為接納自己、接納他人，我們的人生才能更加完整。

你也可以是狐狸與小王子。在「馴養」過程中，仍會有摩擦、誤解、傷害，透過寬恕傷害你的人，療癒及改變才會發生。就如被石頭壓住的水管，拿開了石頭，水流能順暢，關係也才能夠順暢。當你完全接納自己、寬恕他人，一切的好運也將隨之而來。

打點好內外在的環境，留意住生命中的每段關係，因為「真正重要的東西是肉眼看不見的」，當你用心，你會感覺到能量飽滿與精力充沛。

近況

你可能是屬於發號施令者，具有陽剛果敢的個性，而對方是順從服侍者，總小鳥依人地跟隨在你的身邊。彼此因對方的不同性格所吸引，他們共通的特質是樂於享受你給的保護。

你具有陽剛果敢的性格，因此有絕對的行動力與統御力。只要內心湧現一個想法，內在神經會反映到每個肌群，使你有行動上的即刻對應。靠著這股氣勢，為你工作上取的不錯的成績。

因為你下意識的權威感，因而可能無形帶給肩膀和膝蓋壓力，長時間坐著或行走，都會加快損害這些部位。

鬆開那雙與衝突拔河的手，在競爭之外，那麼你的壓力也將不復存在，身體的負擔也會自然隨之而解開。

關於**愛情**，
髮晶的未來是……

{ **別讓保護成為監禁。** }

玫瑰都是有刺的，但你可以因為玫瑰的美麗而不在乎她身上的小缺點。不要做過多無謂的挑剔，讓那些小刺成為憤怒爭執的來源。

你喜歡一個人可能會先從惡作劇開始，使對方注意到你，同時也會有較強的佔有慾，希望對方不要與他人培養過密的友誼。有時可以調整一下心態，讓另一半也能擁有自己的朋友圈。

減少長輩式的教條口吻，像是：「你的表現讓人失望」的批判，多些欣賞的眼光，口吐蓮花，兩人關係將會更親密無間。

關於事業，

髮晶的未來是……

{ **提攜後進。** }

適度的休憩及幽默感是必須的，軍事化管理過於強硬，別用鋼線把自己束縛得太緊，人總有犯錯時，若真心改過，請原諒值得被原諒的人。

你可能非常適合作為團隊中的領袖，目標明確、行動敏捷，總能在下訂的業績衝出高線。此外，你會討厭團隊中的不合群者，或那些愛抱怨的同事及員工，流程一旦發生錯誤會令你難以接受。

偶爾也給同伴或後進一些表現機會，慢慢來，相信他們可以做得好，協助或提攜，成就會是更大的遠景，他人也會感激你的寬恕與慷慨。

托爾斯泰：「一個人越聰明、越善良，他看到別人身上的美德越多；而人越愚蠢、越惡毒，他看到別人身上的缺點也越多。」

關於，

髮晶的未來是……

{ 慎用化學用品。 }

你可能有過人的耐心，但用在熬夜這件事情上，可能就不夠妥當，睡眠時當好好睡眠，別攪亂了生理時鐘。

你可能會有皮膚上的毛病，時常搔癢，檢查一下貼身衣物是否有洗淨，選用抗菌的天然洗潔精，化學殘留物少。另外家中的床墊、棉被、寢具等，是不是太久沒換洗了，可以找個日陽炙艷的大晴天，好好曬個一整天，殺死塵蟎和細菌。

皮膚是我們與外界接觸的第一道關卡，敏感如你，一遇到令你感到不安與恐懼的事物時，便會直接呈現在你的皮膚上。

另外你可能長期扯嗓子說話，使得聲帶沙啞，變得有些誘人的磁性，但最近也感到喉嚨不適，可以前往檢查一下聲帶與喉嚨等部位，也許已經有一些發炎症狀。

23

黃水晶

一路感謝

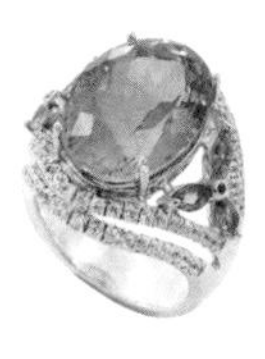

是什麼樣的創傷，令你裹足不前，失去面對的勇氣，剩下的只是追悔及逃避。

沒有什麼東西可以把我們繫住／沒有什麼東西可以把我們綁在一起／我喜歡海員式的愛情／接個熱吻就匆匆離去／我要走／我心裡難受／可我心裡總是很難受

聶魯達（Pablo Neruda）〈海員〉

生命無法掌控，但是我們可以學習海員式的瀟灑，並非絕情。風波像海浪一樣從不間歇，今天的考驗已經過去，明日還有明日的挑戰，每個當下全意付出，就算離別時刻仍有深深的難受，「面對、處理、放下、感謝」之後，人生還是得往前走。放手吧！讓生命繼續往前邁進，感謝過去的經歷造就現在的自己。你的堅強，帶有一路的感激。

台灣慈善家陳樹菊，低調儉樸，將個人小愛，以及社會對她的善意，持續透過奉獻，把愛傳遞不息，被《時代雜誌》選為 2010 年最具影響力「百大英雄人物」。

讓自己的生命範圍擴大，就更能體驗深沉的大愛。重整生命的過程，透過感謝可以淨化內心深處的舊傷口，使它彌合，帶來自信與希望之光，增加處事的智慧。

近況

你彷彿是愛情的陽光使者，能帶給另一半明亮剔透的幸福感。

彼此互動上，你也總是較為主動的一方，情人會感受到那股安全和體貼，與你外出約會，就不用煩惱行程。

擁有明亮陽光特質的你，彷彿可照亮任何陰暗，工作積極，能量飽滿，讓人樂於與你共事。

你也強於邏輯與分析，對各種行政與財物都能掌握，也樂於嘗試及挑戰新事物，不放棄每個研習或進修的機會，因為這也會有助於你增進思考的敏捷。

與朋友的餐會或應酬場合，不免都會貪杯，對於美食也不特別忌口，容易暴飲暴食，自然吃進了許多高熱量的食物。身材可能偏豐腴，如果發現腰圍不斷上增，就要拉起警報線，適時的運動會是較合宜維持體重的方式。

關於**愛情**，

黃水晶的未來是……

{ **別被第三者打敗。** }

你討厭推託之詞，或模稜兩可的答覆與曖昧。單刀直入的清楚明白，是你對愛情的首要條件，若是遇到小三危機，你也能快刀斬亂麻，即使對方有意悔過，但只要一次不忠，那麼百次不用。正由於你深信：「好的愛情是你通過一個人看到整個世界，壞的愛情是你為了一個人捨棄世界。」

由於你充滿活潑的光采，週遭的人很難不被你吸引，你饒富幽默感的口條，旅遊特異見聞，都讓人覺得你的生活豐富多姿。富變化的你，當然也會希望對方也能與你一起共享生命這個美好的冒險。急流泛舟、寒地滑冰或高空彈跳，都是你想和情人一塊體驗的活動。

關於**事業**，
黃水晶的未來是……

{ 靠收集也能夠致富。 }

從問題中學習，可將遭遇到的難題化為新契機，更會為你帶來意想不到的好運氣。誰說千里馬就一定得靠伯樂，你就是自己最好的推銷員。

另外，你也可以嘗試與新的工作夥伴合作，或投入新領域的開發，與專業人士進行諮商對話，能激發更多的化學反應。在財運上，能持續擁有可觀的累積，但要小心可能失控的購買慾。平時上網拍、網購或實體賣場，都要評估「想要」和「需要」的差異。也許你也有收藏的雅好，擁有興趣是一件好習慣，朝有質感、能增值的品項收集，也是另一種賺錢的投資方式。

關於健康，

黃水晶的未來是……

{ **避免暴飲暴食。** }

因為高油高糖及飲酒問題，會引發臟器的相關病變，另外消化系統，會因你過量的飲食而受影響，也要特別留意糖尿病的前兆現象，請固定諮詢專業醫師意見。

藉由黃水晶的能量，你可以運用「視覺冥想法」，將黃水晶浸放於一盆溫水當中，再把不舒服的部位，作為能量接受器，一隻手放在傷部，一隻手放在準備好的溫水裡，數分鐘後，想像水溫越來越高，由你的手作為傳達中介，你會感受到熱能不斷湧入體內，有一種舒暢的感受充沐在你周圍。

此時，想像盆水開始沸騰、冒泡、發煙，但卻不會灼傷你，持續幾分鐘，最後這股激活狀態將慢慢和緩下來，水回歸常溫，能量療法已經完成代換。這個方式可重複幾回，有助於讓身體恢復力量、修護臟器細胞。

24

銅

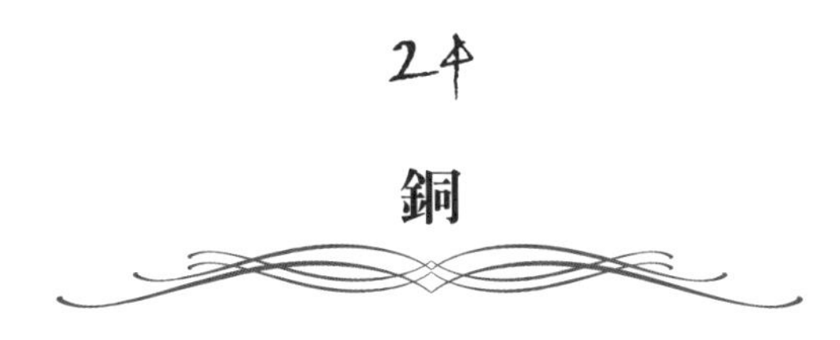

心中的甘甜

在一盆清水中，如果我們無欲無求，就能嘗到香甜、嗅到芳香。有時候，我們不捨得放掉每一種寄託，霸道地想把每份美好攬上身，卻不管是否剝奪了他人該得的一份。

你的目標過於龐大，高到連自己也達不到，變成一種執拗，過於勉強的結果，也使自己摔得遍體鱗傷。當你悔悟、轉身，有些人早已不在。

你或許剛出社會，白日被正經地安放在崗位，夜裡的風華正精采，怎麼捨得早早讓一日平淡的結束，家人的擔心，你或許懶得搭理。入夜晚歸，備好飯菜的父母，難免碎嘴幾句，怎奈你壓抑不住整日工時壓力，回嘴幾句，演變成難解的紛紜。幾乎每夜都在熱炒這頓冷掉的飯粒。

你期待有更高的飛翔，卻忽略了細小的問候，父母要的並非金山珍饈，只需子女陪他們吃一頓家常便飯。早早回到家，在家人溫好的飯菜上，你嗅得到心中的甘甜。

放下過多的慾求與貪心，會有不一樣的可能。因為捨得，才能有情感的盈餘；愛惜身體，才能保工作的永續。

近況

你擁有堅韌又柔軟的特質，因此在情愛關係中，能保有彈性，不給予對方壓力，使相處上能夠親睦融洽。

為了掌握更大的事物，必須先放掉手中的東西。打破傳統，創造機會，並為自己設定明確的目標。

你可以掌握改變的契機，如果停止抱怨，會對你的健康更有幫助。

關於**愛情**
銅的未來是……

{ 小心別亂放電。 }

某部電影說到：「愛情，要麼讓人成熟，要麼讓人墮落。」你有成熟的一面，也會有墮落的一面，也許你也仍困在被劈腿的噩夢中，由於你想挽回的念頭，使得這場歹戲拖了好長，更嚴重影響了你的正常生活。

適時放下不對的人、不該有的執著，你會有更好的選擇。

當你渴望孤獨的自由，會希望不受到無謂的打擾；當你渴望擁抱的親暱，會希望伴侶寸步不離，成天膩在一起。如果能在相處時，和另一半溝通清楚，即可兼具親密關係，又能給予彼此呼吸的空間。不經意地對他人放電，可能會造成誤解，並引來愛情危機。

你可能會喜歡懂事又開朗的對象，如果年紀稍長些，也沒有關係，對方或許更能懂得相處的拿捏。最重要的仍是具有彈性的生活模式，你自己才能免於愛情帶來的壓力，對方也不會顯得無所適從、動輒得咎。

關於**事業**，
銅的未來是……

{ 保持惻隱之心。 }

你也許是缺乏同理心的人，常常指責同事及下屬辦事不力，顯而易見的是你在找碴，因為你也明白這些專案進行當中所會遇上的難題，只是換個位子、換個想法，你把責任丟出去，讓別人成了冤大頭。

你可能會突然有一些無法自制的脫序行為，可能是平日的工作壓力過大，或積壓了太久的悶氣，一旦爆發，連你自己都控制不了。

也許你當下所從事的案件不被欣賞，也或許被家人情人誤解，而你又有無法透露的苦衷，請不要過分焦慮，等到適當時機，對方會了解的。

冒險的一小步，成功的一大步。勇敢冒險，才有機會開創新格局。離開原本熟悉的環境，令人感到不安，卻能脫離依賴，勇敢前進，才有無限可能。當手中捧著沙，要再抓取其他東西時，必須將手中的沙放掉。為自己開啟一條新的路徑，創造新機會。

關於**健康**，

銅的未來是……

留意臉色變化。

請注意排毒系統脈絡的徵兆，多加強肝腎功能，定期到醫院檢查，預防勝於治療。偶有生理期不適、貧血及莫名的酸痛，請安靜下來觀照自己，試著讓自己慢下來——整理自己周遭的人事物。

另外，你可能有貧血的症狀，常常感到莫名頭暈，在蹲下後站起的一瞬間，整個世界像是在你面前天旋地轉起來，此時可能是平衡感受挫，試著往後動作都盡量放緩一些，可以避免類似的情形。

是什麼原因讓你失去了快樂的感覺？發生了什麼事讓你中止了喜悅的流動？去體會付出後的愛的流動，讓你重回喜悅的懷抱。從現在起，重新體會生活的樂趣，細細感受每一刻的存在。

25

沉香

躍上星空的靈魂

「求知若飢，虛心若愚。」是賈伯斯留給這世界，最有價值的八個字。

除了為電腦歷史寫下新頁，他更帶領人類飛向雲端，靠的不只是天才，更多的是腳踏實地、苦心鑽研，才能成就偉大。胰臟癌對他來說，並非阻礙，反而是奮鬥的動力，直到他因病過世，地球上六十億人口，仍忘不了他的名。

每個靈魂都有足夠的智慧，體驗並了解生命，此生來到地球的我們，需要盡全力參與，在呼吸間踏實，於行走中紮根，讓靈性與物質取得平衡。當你願意切實地過好生命的每一刻，合一的身心靈，將為你帶來平靜。再平凡的靈魂，都有機會躍上星空，綻放獨特的光芒。

「求知若飢，虛心若愚。」彷彿是賈伯斯的最佳標註：不放空話、以身作則。同時也告知青春正盛的年輕人，切勿虛度光陰，不做不切實際的妄想，唯有虛心學習每一份專業，盡力求取每一種智能，當靈魂吸納飽滿的能量，就能躍上星空，實現發光的夢想。

近況

你擁有過人的耐心，而且也能包容情人的喜怒無常，用平靜和緩的姿態面對，因此情人在你身邊總能很安心，這是相處的智慧。

因為愛對方，因而你擁有極大的包容力，同樣的對於其他示好者，也有著優雅的拒絕，讓人明白心有所屬，不輕易動搖。

你能夠帶給週遭的人平緩的氣氛，因此在團隊中，你會是穩定軍心的力量，特別是在決策或是面臨重大議題時，都能發揮影響力，使整體做出 合宜的判斷。

如果說「種瓜得瓜、種豆得豆」是你的座右銘，一點也不為過，因為你踏實的性格，為你贏得好人緣，讓人知道你適合承擔，也適合賦予重任。

你可能愛玩水上活動，也擁有各種救生、潛水執照，但長時間浸泡水池中，PH 值降低會讓肌膚受損，發生紅腫或搔癢症狀，平日也要常保身體乾爽，遠離擾人的香港腳、疥瘡、真菌感染。

你也許有遺傳性的皮膚病症，因此更要特別留意肌膚上的問題，在飲食上也要留心，過於刺激的食材或不夠新鮮的海產，都宜盡量避免。

關於愛情，
沉香的未來是……

{ **學習欣賞自己。** }

情人有時會嫌你太過單調，也許可以先在穿著上做些變化，在某些色階中做較彈性選擇，也能使約會具有新意。

你具有獨特的安靜魅力，欣賞自己，渴望內在的平靜，因此對於另一半的條件，也會希望是個懂得欣賞自己的人，不要太招搖與奢侈。

如果愛情中的靈性領域枯竭，會讓你想要逃離，如果兩人都忙於公務，抽不出太多時間，且你還想保有這段關係，閱讀會是一個好的起點，和伴侶溝通、討論、分享，說說你所想像的情感未來，激勵對方、打動對方，也同步跟上你的腳步。此外，經常性的擁抱會讓你感到幸福。

關於**事業**，

沉香的未來是……

{ **小心刷爆信用卡。** }

因此你毋需心急，如果沒有更好的升遷，可能是上級在評估、考驗你，也許正在為你細想某個位置，或創一個新頭銜。

如果你正處於不上不下的尷尬階段，不要過份擔心，也許是你不夠積極，或不夠投入，讓上司感受到你的真誠與企圖，未來事務他會樂意有你一起同行。

在財務實質上，你能獲得好的報酬，加上你富有品味，因此你用的物品也許不華麗，但有著極高的質感，因此也花費了你不少費用。有時，你可能會買了過於昂貴的原木傢俱，或看中古典的瓷盤而不眨一眼的付錢，在消費的同時，也要留意必要性。

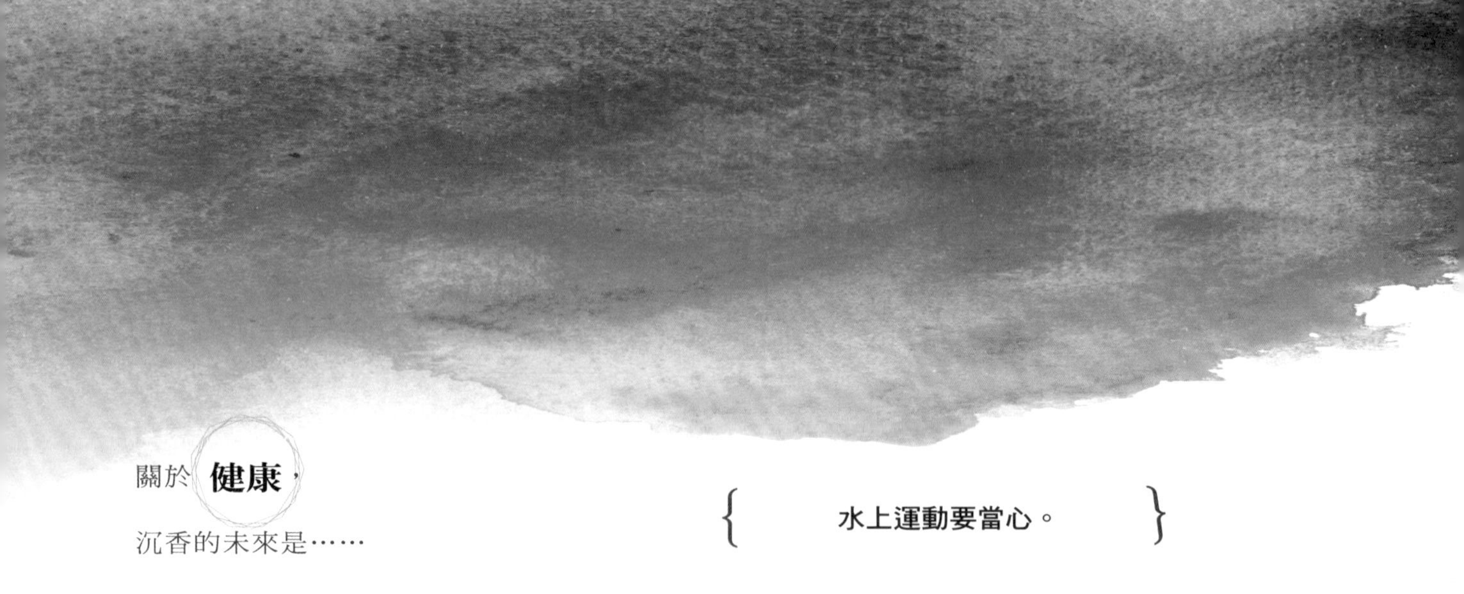

關於**健康**，

沉香的未來是……

{ **水上運動要當心。** }

雖然偶爾你也喜歡嘗鮮，擁有冒險精神，讓枯燥的生活多些變化，也許可試試乾燥陸地上的自由伸展——肚皮舞，也能讓你有異國的奇趣享受。

你也許會有嗜酒的情況，小酌可以讓身心放鬆，但過多的酒精可能會造成上癮症。一個人之所以會有上癮症，是生氣自己某個部分沒有被滿足而感到焦躁不安，不妨投入這個世界，好好參與其中。

另外，若是時常待在冷氣房中，會缺乏陽光的親吻，身體也會缺少能量，適度走出戶外，在週休二日的時候，約個三五好友往大自然野餐吧。

26

虎眼石

腳踏車的見證

第一次學腳踏車，膽子小，剛踏上車子就開始搖搖晃晃，整個人還未出發，全身就已經在發抖。

那是多麼青澀的經驗，如果當時沒有克服勇氣，筆直騎出去，也許將永遠都學不會。過程當然歷經了許多次跌倒、受傷、摔破皮，然後回家用紅藥水塗滿整隻腳，用來嚇人。

也曾因腳踏鏈脫失，而一路牽著車難過地走回家，到學會如何用竹筷子把鏈條擺正，令它重新上軌，那時騎在上頭，奔馳在大街小巷的快樂舒暢，是多麼快活的一件事！

從此，腳踏車成了夥伴，它陪我們一同跨過濕漉漉的水面，陪我們一同面對純情的愛戀，陪我們在夜色下淺淺的流淚，陪我們大笑，也陪孤獨的思念。年輕的表情被它所記錄，青春的年華因此變得燦爛，它靜靜的，見證出生、生活、死亡。

如今長大，腳踏車可能許久不曾騎了，偶爾，還會懷念騎車的時光。但，當我們想起，它就在那兒守護。在每一條路程上，我們都有台腳踏車，飽含關愛，一路跟隨，看著我們，呵護我們，教我們行動至上的道理，往下一步邁去。

近況

你可能有著大方勇敢的性格，對於所愛總能自然示愛，遇上對的人在對的時間，你們很有可能就此發展一段穩定的關係。

你的果敢直衝性格，為你的事業帶來鮮明的成績，業績好的時候，可以日進斗金，但遇到不對盤的合作對象，你也會變臉翻桌加送客，很有性格地把錢往外推。因此開罪了一些業主，顯然你不以為意。

請注意支氣管上的毛病，身邊準備喉糖或枇杷膏，可以緩解不適症狀。同時，每天面對繁務的公事，也會使你有極大的情緒壓力，若是壓力過大，很容易在日常生活當中爆發，影響人和人之間的相處和睦，適時找個出口好好宣洩一下，也許就上 K 歌房，好好把憤怒或悲傷唱出來。

關於愛情，
虎眼石的未來是……

{ 保持行動力。 }

你的直接，有時也會嚇到有緣人，偶爾可以學著迂迴一些。有些人很能欣賞你的行動力，今日相見，明天就可以帶回家見老爹，完全不囉嗦，如果對方也頗有意願，美好姻緣就能有成。你選擇如此速戰速決的方式，不意味你不重視感情，只是你將把心力花在往後的維繫上頭。

不過，情緒大起大落的鮮明形象，也會讓另一半有些疲以應對，有時甚至鬧上冷戰的危機，你不低頭，對方更不要低頭，最後只好一個禮拜不來電、不 FB、不 chat、也不 APP，最後還是你受不了電話道歉，見面鮮花相賠。另外，有時多些時間陪陪另一半，會比禮物更有誠意。

關於**事業**，

虎眼石的未來是……

{ 化敵為友。 }

職場上不是朋友，也不必要成為敵人。放下執著與脾氣，將焦點放在往後每次新的機會上。信任自己，並保持頭腦清晰，即可增加決斷力與執行力，獲得財運和成功。

專業的學習和體驗，能令你充滿活力。通常在你的身上，帶有一份「不怒而威」的權威感，你也可以展現在工作的態度上，強悍且果敢。

但無論你要夥伴或下屬承擔哪些責任，都要出於他們內心所願，否則強加的條件，將失去人心。

思考一下，在實際操作上有什麼是行不通或不合理的，放掉這些事物，明白區分自己想要的東西，和真正需要的東西，將焦點集中在正確的地方，就如同老虎在捕捉獵物的時候，只將目標放在一隻獵物上，才能成功出擊。想要的東西很多，但真正重要的，才是目標。

關於**健康**，
虎眼石的未來是……

{ 大聲唱歌可紓解壓力。 }

另外，定時運動也能帶給身心更好的舒壓，例如每天晨起固定跑步，可從十分鐘起跳，到一個小時不等，隨後的上班心情將能更加平靜穩定。

以及，你可能還會有神經系統的疾病，由於經常性的情緒起伏，腦神經負擔太多的負面壓力，也易使血液的流動造成不規則的速率。可能會引發腦中風等問題，建議多保持心境和緩，維持固定常態的運動，少抽菸。若你是老菸槍，建議從現在起降低吸菸的次數與份量。尼古丁等不良成份也會導致肺部病變。

你可能會有酗酒的問題，以往應酬可能需要培養喝酒的習慣，已經對身體造成極大的不安，若仍在私下借酒澆愁，或成為歡樂的陪帶飲品，則不免過於放縱。

27

葡萄石

比肩共進的夥伴關係

人生行路哪能不跌跤，但是身旁若有友伴可以即時攙扶，受傷的程度就能減輕一些，流淚的痛也能少一點。求學過程中，總與同窗一起苦讀伏案，互相切磋語文算數、討論人生課題，對茫茫的前路比肩共進；長大了，工作夥伴彼此支援，為目標奮鬥打拼，共同面對職場風雲。

在人生旅途中，總是結伴同行，一同抵禦各種風波、對抗各種威脅，因為友情的慰藉，使我們忘了孤單的清冷，在深夜時分，可以因一通電話、一封短訊的加油打氣，使內心充滿暖意。人生總有緣聚與緣滿的一刻，因緣聚合時，我們充滿珍惜；因緣而盡時，我們報予祝福。也許，下個轉彎處還能再會。

群體間的合作關係，牽起人們最微妙的情誼，讓一切的成就可以達成。在人際互動日益頻繁的今日，溝通網絡交織稠密，彷彿蛛網一般，牽一髮而動全身，唯有凝聚團結的力量，才能邁向更美好的紀元。

在孤身前進的路程上，毋須擔心與害怕，你身後有一群友伴正在為你集氣，目送的眼光總是在遠方，如遙遠卻明亮的北極星，在夜空靜靜閃爍著。

近況

你講求優雅的儀表與均衡的發展，因此你喜歡的對象會是具有這些特質的人，乾淨、整潔、有禮貌，你也享受兩人共處的時光，特別是在戶外活動的場合，能夠發揮你的觀人力，並從中打分數，評估下次約會的可能性。

你擁有激勵人心的特質，直覺性強烈，且能未雨綢繆，有條理的完成交辦的事項，因此能夠得到上司的信賴。

由於你長時間計算數字或操作精密儀器，因此可能會出現疲態，除了精神上無法集中、視力感到模糊，或腦部感到疼痛，可以藉由休息來慢慢復原。

關於 

葡萄石的未來是……

{ 製造生活的浪漫詩意。 }

你可能有著優雅細緻的身姿，但過於纖瘦的體態可能讓你顯得太過單薄，另外由於你注重外表的儀態，也相當看重乾淨與否，因此可能會有某種程度的潔癖及強迫症，會對著擦過的桌椅一再擦拭，或對戶外的廁所無法如廁等，會讓另一半感到錯愕。此外，你也可能會有嘮叨的現象，還未正式成為夫妻，已經感受到你耳畔絮絮叨叨的壓力，會讓人退避三舍。

有時可以不那麼苛求，也毋須太過留意細節，很多事物看得太過清楚，反而失去了美感，朦朧也是一種美，為生活保留一些浪漫的詩意。

關於**事業**，
葡萄石的未來是……

{ **不帶批判的學習。** }

你有儲蓄的習慣，平時也十分節儉，即使沒有特別專業的財管能力，卻能藉由傳統方式累積個人財富。也許能夠開發其他的才能或領域，尋求專業人士，協助你更安全又穩定的賺錢方式，不帶批判的學習與分享，會是很棒的新嘗試。

你擁有強健的邏輯思考能力，能夠做複雜的數字運算，或講究精密技術的工作，在工作上你往往分析好一切才開始動手去做，是軍師型的人物。你是個熱愛土地的人，深知「走捷徑」無法真正獲致成功，「爭先的路徑窄，退後一步，自寬平一步」，可當作你的處世格言。

關於**健康**，

葡萄石的未來是……

{ **改掉喝咖啡的習慣。** }

你可能會有失眠的症狀，加上有想太多的傾向，因此腦部經常空轉著，造成漫漫長夜不得眠，若能安腦，則可好睡。

平常戒除酒精、香菸、咖啡、茶類或相關刺激性的食物飲品，並改掉每日上班需要好幾杯連鎖咖啡來幫助提神，將惡性循環的狀態就此終結。

社交關係對你來說很重要，如果能夠於下班時間，找好友小聚，或週末時間，與朋友出遊踏青，或自己動手做餐點，都能夠改善腦部壓力，也能恢復精神。

28

翡翠

象徵勝利的魚骨頭

海明威（Ernest Miller Hemingway）的《老人與海》，敘述一名連續八十四天沒捕到一條魚的老人，依然不放棄出航的熱情。海面遼闊無邊、野礁凶暴力狠，而他只擁有一條小船，終於一條大魚在驚險的灣流之中上鉤了，他經過三天三夜的不眠戰鬥，最後馴服了它。

水花流放，一一將過往的燦爛付諸東去，我們不需要過於悲憐逝去的年華，只需專注當下的韶光，把握每一次綻開與結果的時節。只要方向與目標是一致的，堅定的信仰將協助把所有問題轉化成助力，孤獨綿長的航行時刻，會有冥冥導引的波流。

當心中產生了恐懼、背叛等負面想法，試著將所有問題轉化成助力，抛出線索，你會發現一切並非想像中的那麼困難，一切皆是簡單又容易，只需靜待解惑的魚兒上鉤。作自己生活中的勇士，聚焦且專注地面對挑戰，用意志打敗驚擾內心的大魚，掛上鑲有魚骨頭的勝利之鏈，將生命譜寫成一首經典的史詩。

近況

你喜歡具有傳統價值的東西，因此擁有良善品格的人能獲得你的青睞。因此你深厚的感情將投入於穩固的關係當中，但你可能會要求另一半懂你：「如果你愛我，就知道」，但對方沒有讀心術，你也不是魔術師，遲遲不亮出底牌，會費人疑猜。

你可能會極專注於工作的細節，並熟知整體營運與收益，眼光遠大，可作為一公司的領導階層，或一領域的專業人士，而你也不吝於對他人展現你的觀察與心得。

你可能很少向人吐露自己的心聲，因此任何疑問都會自己尋求解答，包括身體上的病症，適時求助專業人事與醫生才是明確的作法。不要把自己當作神農，在遍嚐百草之後，才發現病入膏肓，那就為時已晚了。

關於**愛情**，
翡翠的未來是……

{ 讀懂伴侶的肢體語言 }

在一定程度的交往後，對方也許會對你的一個眼神了然於心，便知道要有所回應，相同的你也必須熟悉伴侶的肢體語言，讓彼此懂得葫蘆裡的情話，然後忍不住相視而笑，這將是幸福的美好實踐。

你喜歡持久的愛情關係，且具備君子或淑女之德，願意為對方放棄一些事情，只為成全一份簡單的諾言。然而有時你會不小心把自己賠進去，若是對方並不是你以為的那種人，為此流下不少的眼淚及烙下深淺不一的傷痕。

有時候悲傷只是出於自私的要求而已，把他人加諸己身的殘忍不斷放大，當作合理化的藉口，你仍可以選擇跳出來，免於困在痛苦情愛的泥淖裡。

關於**事業**，
翡翠的未來是……

避免大頭症上身。

你擁有不可撼動的決斷力，就像是箭上弓弦一般不得不發，但你往往都有絕佳的眼力和運氣，能夠命中核心。但小心大頭症上身，你可能會過於剛愎自用，不愛聽他人費盡唇舌的建議，面對批評也缺少雅量，通常都是不歡而散、拂袖而去。但是你總有理由為自己開脫，因為對方沒有審慎的評估就妄斷結論。

用心傾聽他人的建言，你會從話語裡找到目前問題的答案，用心領會，你會發現所有解決的關鍵就在小細節裡。你不喜歡投機事業，也不願為半路出現的惡勢力作妥協讓步，因此決斷之前必定做好妥善的評估，因此一旦下定目標之後，就絕不輕易離手。

關於健康，翡翠的未來是……

{ 久病並不一定成良醫。 }

你可能有心臟問題，或許是因為神經緊張、內分泌失常或過度肥胖而引起，另外香菸中的尼古丁或化合物也會損害心血管，導致阻塞或病變。

在你專注於工作的時候，很有可能忽略了身體的微小聲音，它們的求救之音，可能提醒了你必須正視，減緩腳步，並聆聽身體釋放出的警訊，試著調整作息，戒除菸癮、飲酒或其他不良嗜好，而毒品則是萬不可嘗試的禍害。不妨有空也去做做全身的身體檢查，才能更瞭解自己的身體狀況。

另外，長期暴露在紫外線、手機或電腦輻射下，都具有治癌的危險，應抽空接觸大自然，讓自然芬多精代謝掉身心的穢物，恢復平和舒緩的心靈。

29

孔雀石

柔情與剛強的綜合體

幸福就是，能開心大笑，也能悲傷大哭。在我們手中有著各色彩筆，想要揮灑出美麗的生命藍圖，就必須善用手上的色筆，交錯塗鴉，盡情恣意發揮想像力。

仔細觀察身邊的人事物，他們是最好的模特兒，向你我展現絕佳的姿勢，或剛或柔、或歡或憂，有時生命的成長並無須親身經驗，透過學習，同樣可以豐富生命。

善用上天給予的天賦，勇敢做自己，順著水流前進，可以通往奔騰壯闊的大江大海。你可以是自己人生的掌舵者，在這艘船上，裝滿你需要的食物、智慧、武器與夢想，一路過關斬將，渡過場場的驚濤駭浪與長長的寂寞航道，在陽光下流淌晶瑩的汗水，在月光下滴滑思鄉的眼淚。

打起精神，明日離目的地更進一步，將使你無畏。敞開風帆，順風揚起希望，接受自身全新能量，整裝再出發，凝聚果決的想法，一步步實現預定的計畫。生命給予你我許多元素，眼前的美麗藍圖正等著我們一一去建置。

近況

你是情感關係中的良伴，偶爾也會使用欲擒故縱的手法，來加深對方的印象。你擁有新潮的觀念，喜歡新奇或鮮艷的物品，擁有許多新手機，潛藏著喜新厭舊的傾向，因此可能有許多交往對象正在同步進行中，或時時轉移目標。

你是一個自我要求極高的人，因此會在工作中力求完美表現，每次也是最後離開公司的那群人之一。你深信自己擁有超凡的魅力，可以藉由努力走上高位，而往往也能獲得實質的肯定。

你可能埋首於工作之中，而忽略了身體上的病痛，留意是否有氣胸，或脊椎上的毛病，如果呼吸感到不順，需要到醫院進一步做檢查，而女士則盡量少穿高跟鞋，避免長期姿勢不正，導致腳姆指病變。

關於

孔雀石的未來是……

{ **流言勿近身。** }

由於你情緒來得快也去得快，有時過於暴衝或暴怒的脾性，會令情人吃不消。雖然你平常總是「阿莎力」，對情人也是十足大方，專櫃化妝品、名牌包包、精品鋼筆或領結，絕不手軟，願意分享快樂的能量。你也許會注重外表打扮，但過度的愛美可能會讓人質疑，並且會要求另一半有相同的審美觀及敏銳度。

你可能會是個焦慮的人，在看似平和的情感中也免不了發愁，有時你擔心「萬一如何如何，就會怎樣怎樣」，其實都是多慮的。盡量保持正面的心念，你的另一半也會如此回應你。小心不要誤信流言蜚語，或因不信任而摧毀不易建立的關係。

關於**事業**，

孔雀石的未來是……

{ **把握過程的愉快。** }

風光的背後也許傷痕累累，但你從不輕易向對方或同事展露出你的傷口，因此有時過度的自信，會讓人誤認為是驕傲不群，適時表達你的需求，因為誤會往往是因為不願分享與討論。面對別人的批評，你需要學會克服。

很多事情並無法順如你的意思完成，放下專橫的想法，強求的結果不會甜，只需將你的熱忱感染他人，過程愉快，就能讓工作更加得心順遂。

你可能擁有激烈活潑的個性，對於事業充滿野心，因此具有開創性，不願守舊，同意唯有破壞才有建設，能接受一切新觀念，此外也有出眾的審美概念，你喜歡與眾不同，即使工作也一樣，或許會選擇一般人較少接觸的特殊行業。

關於**健康**，

孔雀石的未來是……

{ 讓身體充電。 }

由於你可能有些性急，因此會影響到情緒，脈搏心跳也比較急速，彷彿腎上腺素時時處於亢奮狀態，長期下來對精神官能都是損害，也許放下過多的想法，循序漸進地一次只完成一件事，不要把自己逼得太緊，匆忙行事，也會造成反效果，徒增悔恨。

若是身體感到不盡舒服，切勿硬挺著上工，會讓精力逐漸耗竭，並加劇病況。最好多加休息，趁著請假的日子，好好把想看的影集看完，或是看看久未翻閱的小說，也可以拾起畫筆或原子筆，畫畫圖、寫寫字，讓靈感得以化為優美的作品。

30

祖母綠

彩色蠟筆的早熟

一個老朋友跟團出國旅遊，在返台的當天，把旅館一只暗綠色的精美小鬧鐘，摸入口袋中，以為神鬼不覺。就在快用完餐的九點時刻，鬧鈴突然一陣大響，他才想起忘了把設定的時間取消。

這當然是一則笑談，但背後又帶有多少難堪，只有當事人自己知道。

成人世界，不是每個人都符合成人禮節，長大，並不意味幼稚貪玩不再。也許原生家庭曾帶給人傷痛，在成長的過程中，我們曾透過童話式的建構，寄託在美好的想像當中，也試著慢慢學習療癒自己深層的傷口。那時幼小的我們，心靈已經是這麼勇敢與成熟。

但是別忘了，現在的我們已然長大，可以選擇過不同的生活方式。不再需要活在童年的幻夢中，我們已有力量，打造新生活，帶給他人希望。從過往的生命中看見已學得的，將感謝原生家庭所給的養份，敞開心接受，你會看見生命的能量。我們不做拒絕長大的彼得潘，也不當摸走鬧鈴的成人。所有的取決都懸在自己身上，提升身心靈能量，重新與生命的故鄉連結，排除不安與緊張，豐沛的生命力將帶領我們自在飛翔。

近況

愛情中你屬於尊貴的一方，備受崇敬與愛戴，你可能正面臨老少配、姐弟戀、師生戀等，由於工作或場合關係，使得你接觸到其他年齡層的對象比較多，而相處過程中產生的火花也並非刻意。

和善成熟的態度為你贏得好人緣，你可能也會喜歡有獎勵性的遊戲，來刺激工作效率，讓內心孩子氣的形象跑出來透氣，也能激發你潛藏的活力。

看起來你有多方面的才華與才能，也很能享受玩樂，因此不去管是否能夠就此習得一技之長，卻令你更能樂在其中，得到身心的滿足。永保孩童般的天真愉悅，就是健康的基本條件。

關於 **愛情**，

祖母綠的未來是……

年齡不是問題。

或許你內心擁有早熟的靈魂，喜歡富有智慧或經驗的長者，藉由他們的指引總能比較安心，因此你一路以來都傾向與年紀稍長的人談戀愛。若你是年紀較大的一方，也許你看中的也是對方不符實際年齡的成熟姿態。

你內心也有孩子氣的一面，你的床邊可能有許多的絨毛玩具，書櫃中還保留了很多故事繪本。也許是因為內心的不安全感，或原生家庭中的關係失衡，造成你日後的心理創傷，有部分的戀父或戀母情節的產生，源自於此的補償作用。

不過要留意與伴侶相處之間的失衡問題，若是由年齡上的差距而來，可能會較困難，但溝通是最好的方式，避免因為小摩擦造成愛情的破滅。

關於**事業**，

祖母綠的未來是……

{ 創新可帶來轉變。 }

你可能很害羞，但過於閉塞會讓人無法了解你，而無法與人打成一片、融入核心。

有時上司的派任是無理的，儘管你無從拒絕，但你仍然可以反應，讓他們知道你的壓力，因為你一直以來表現優良，從不拖欠任何專題，責任心不允許你推遲或拒絕，這一路你確實也建立了威信。創新可以帶來新契機，也許嘗試開發新流程，並借重大老們的意見，來協助你更上一層樓。

過去的錯誤，讓你更能掌握工作的每個環節，過程中的難處若能一一迎刃而解，不要擔心，未來的成功也將指日可期！

關於 **健康**，

祖母綠的未來是……

{ 轉化情緒。 }

你的內心充滿不安全感，也許是出於過往的挫折，或是原生家庭的因素影響，因此在外表上你顯現出過人的成熟，但潛藏性格中的孩子氣也會影響你的判斷。藉由休閒活動，例如釣魚，可以安頓身心的平衡，試著在靜待魚兒上鉤的遊戲中，找到一種轉化情緒的方式，使身心靈回歸平靜與安穩。除了情緒之外，要留意心臟和關節上的毛病。

此外，泡茶也是一項頗合宜的興趣，從品茗的過程，看氤氳的蒸氣不斷上升，彷彿能淨化環境，並將入喉的回甘茶韻，視為一種天地的贈禮。或是藉由打掃家務或庭院，家居的整潔也能使內心映照出一片清明。

31

橄欖石

賦予存錢的動機

當疑惑使得我們在人生十字路口止步，也許四方相向、心無準則，焦急地令我們流淌了滿頭汗。每個人都對未來有著嚮往，也會對未知充滿懼怕，當我們困於思索的牢籠，畫地自限、故步自封時，最好的辦法就是停止虛無的想像，以實際的步伐迎接每一日晨光。

記得小時候買過一個透明小豬存錢筒，每天固定將剩餘的零用錢丟入其中，原本瘦弱的小豬逐漸豐滿。卻因一場地震，打碎了純真的夢想。過了幾天，家人的提議與陪同而擁有了生平第一本儲蓄簿，將零錢每天小額匯整，集中於每月存入帳戶，建立存錢習慣，有形的錢筒消失，從此小豬成了更大的豬公。

所有事件發生與結束，都有它的道理，如果我們能夠掌握轉變的契機，在十字路口前篤定的迎向前方，條條大路通羅馬，相信都能習得豐盛的經歷。在浩瀚的時空裡，唯有看清楚自己現在的定位，才能確定自己的目標及方向。試著從不同的角度看世界，會發現有更多不同的方法可以達成夢想。

近況

你具有明亮的性格，給人光明的能量，如同太陽一般，因此就算情傷也不要輕易灰心，下一個美好的對象總在前方不遠處，那些為愛流出的淚水將化成的絢麗的彩虹，使生命更加耀眼。

你不易受周圍紛擾所影響，有獨立作業能力，在自己的工作崗位上盡最大的努力，做合乎身份的判斷。你對朋友非常熱心，誠懇的交往使你擁有許多珍貴的友誼，在往後成為發展事業的助力。

你內心的想法往往互相矛盾，令自己陷在不知如何是好的境地，在徘徊猶豫的時刻，你可能會懊惱，讓憂鬱的情緒籠罩自身，也將這份悲傷感染到身邊的人。試著轉換角度，很多煩心事不過是庸人自擾罷了。

關於**愛情**，

橄欖石的未來是……

別忘了耳邊情話。

你可能有帶給人心安的本事，具有療癒的能量，在受傷或有傾訴需求的人面前，你可以是他們的心理老師，因你也確實能將他們從混亂中拉出來。

你的伴侶也十分倚重你的建議，可能常會在床上蓋著棉被談心，這些甜蜜分享的舉動，讓你們覺得溫暖。你不容易受到環境的影響，且能合情合理的判斷，與情人之間很少有爭執的情況出現，而你喜歡的對象，需要較為成熟或懂事，能與你討論時局或心靈層次的問題。

在你陷入低潮的時候，會十分需要愛人的陪伴與支援，對方能帶領你走出陰霾，重新面對陽光。

關於事業，

橄欖石的未來是……

{ **讓火山維持休眠狀態。** }

你的個性相當機警，能夠當下明辨事情的趨勢及走向，面對詭譎多變的職場，你很能明白能力是受重用的關鍵，因此裁員名單總是排不到你，而你積極表現自己的敬業精神，有時候可能會不小心搶了別人的風頭，而使人懷恨在心，也許某些時刻會在背後扯你一腿，而你還渾然不覺。而你內心也有座「不可觸碰的地雷區」，也許是以往的創傷所留下的陰影，不知情的人很有可能無故就惹怒你，像火山爆發一般，激起你暴戾的回擊。

學習察言觀色，並在適當時機發揮謙讓，向上級推舉實力不凡的夥伴，更能展現你的大氣。此外，你可能有懶散的一面，十分依戀家庭，傾向待在舒適圈，享受簡單自在的鄉居生活。

關於**健康**，

橄欖石的未來是……

{ **慢享食物的滋味。** }

基本上，你的健康狀態良好，除了心情的正確調整外，還要留意腸炎及潰瘍問題。可能是習慣在用餐時順帶處理公事，或分心觀看報章雜誌與電視，過於急躁，少了細嚼慢嚥，囫圇吞棗的結果是造成消化不良，並患上胃疼。好好享受食物的美味，最好的方式是每一口入嘴的食物，至少要停留三十秒，或是嚼二十下，才能感受到食材本身的滋味，此外唾液能中和並消除致癌物質，並減輕腸胃運作的負擔。

你的興趣廣泛，有空閒時可以多運動，能讓身體維持一定的機能與爆發力，能為生活帶來正向的衝勁，也更具有抵抗挫折的勇氣，精神奕奕地迎戰每一天。

32

捷克隕石

星空捎來的訊息

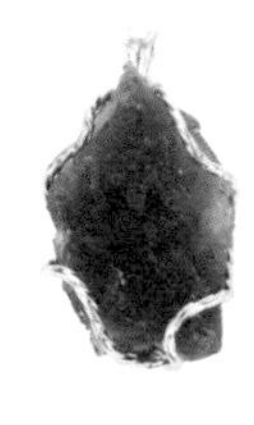

外星人從來只聞樓梯響，不見確切的樣貌，電影《E.T.》提供了一個出口，讓人看到外星人也有人性化的一面。隕石則是一個外星球入侵的實體證據了。

外太空捎來了不間斷的消息，令人類世界的文明有了新契機，外星科學研究與人類替代住處更是近代的發展目標。這是一個展開新局面的大好時機，宇宙正為人類帶來強大能量，唯有打破界限，才能開啟無限可能性。

雖然，阿姆斯壯搶先踏上人類的一大步，登陸月球的畫面成為歷史，我們吃月餅的嚮往失去了一個美麗依附。然而，遙遠的宇宙仍然傳來各路行星的訊息，這神祕難解的天地，似乎有某種生命力量在等著我們去解謎、去回應。

敞開心胸接受，換個角度，站在制高點，以宏觀的視野審視現況，將看見事件的全貌，亦可發現問題的關鍵。擴大思想格局，打破界限，靜聽星海捎來的消息，宇宙能量正源源不絕地，向你我湧進。

近況

你容易有異國戀曲，過往交往的對象很大部份都是「外來客」，雖然父母親友持反對意見，你仍自由追尋自身所愛，不受教條拘束，與對方創造出繽紛的火花，事實也顯示的確沒有必要受限於傳統觀念，而讓緣份就此流失。

你充滿幽默感，也頗能以此自娛，帶給周遭的人快樂，此外你喜好嘗試，不害怕遭遇失敗，能夠輕鬆面對難題，彷彿天下並無比摘星還困難的行動了。想法新潮，每每都能引爆話題，逆轉職場上的得分。

請留意腰部與腎臟，若發現腰部時常感到痠疼，或後背部有無法伸展的感覺、雙手疲軟無法提重，可能就要尋求專業醫師的幫助，並避免攝取過多的鹽份與糖份，過度加工的產品也要忌口。

關於愛情，

捷克隕石的未來是……

建構夢想藍圖

天馬行空的想法是你短暫逃離紛亂世俗的方式，但你內心總有一個人生計畫在執行，這份藍圖支撐你喜樂的活著，最大的原因在於你接受自己、喜愛自己，並努力實踐自己。因此與你相處的對象，可以從你身上得到一種快樂的力量，藉由你的帶領，也激起伴侶的熱情。

因而你比一般人更需要愛的陪伴，這份關係不僅只是短暫的停留，而是心靈的依靠，帶給你持續的溫暖及鼓勵，也令你的夢想藍圖不再是如夢的想像，而能一步步落實、成就。

關於**事業**，
捷克隕石的未來是……

{ **學習穩定性。** }

雖然有時你會給人輕浮的感覺，但這可能是你的風格，你藉由輕鬆的方式讓自己放鬆，並藉此靈活頭腦，敏捷行動。但由於你不願意受管轄，在體制內的工作會顯得力不從心，因此也會讓人感到難以擔負重任。也許你適合的性質需要比較活潑的場合，並非你無法定下來，而是你喜歡嘗鮮，在動的過程中，可以擷取到工作上的靈感，或許常因此覺得自己與眾不同而感到不自在，然而，誰規定在工作時一定要一板一眼呢？

精緻的石頭不只是裝飾，也能是貴重的寶貝，慢慢累積你的功業，相信後頭等著你的成果會相當豐沛。

關於  **健康**，

捷克隕石的未來是……

{ **善用魅力，真心相待。** }

你擁有不尋常的魅力與風格，因此在周遭環境當中會特別凸顯出來，若無法與周圍的人們相處融洽，可能會變成被孤立的對象，此時內心可能會陷入低潮，因為有不被了解的痛苦，可能會引發憂鬱症狀。

但富有同情心的你，與人交往總是出自真心，其實不用過於擔慮，路遙知馬力，那些質疑的人會慢慢了解你的優點，並敞開心房接納你。

此外，你還要留意心臟疾病，也許有先天性的心臟問題一直困擾著你，或後天因意外事故而帶來的損傷，因此要定期檢查，以免舊疾復發。

33

綠松石

將城市燃成一片溫熱

冬日霜寒，眼前盡是飄散的霧氣，從口裡吹出的呼息，如一捲煙雲。每個人身上似乎安裝了一具煙囪，在內心不斷燃燒著柴薪。因為共步、交握、言談，我們把溫熱傳給另一方，對方再把這份溫熱傳給下一方，如此不斷延續著，將城市燃成一片溫熱。

友善的溝通與表達，可以使對方聽見自己的意見，對於他人給出的語言或肢體訊息，也可以更準確地理解與接收。誠實地表達內心的想法，只要用心，就不怕會帶來傷害，亦無須有階級的觀念，綁縛了思考，所有的意見都只為了讓彼此前進，透過不同角度的考量，會讓雙方更清楚前往的方向。

人間難得有緣相會，在天涯行路的途中，你我都可能只有這一次交會，然後便往各自的目標走去，如果能在短暫的相處時，給彼此留下一些好意，一句清楚誠懇的表達，一段包容溫暖的溝通，不用昂貴的餽贈，這就是最好的見面贈禮。

這世間充滿了各式各樣的禮物與回贈，讓我們大步的往前邁進，一路撿取、一路分送。幸運之門正為你我敞開，以智慧的溝通為鑰、以誠懇的表達為匙，將使勇氣與力量倍增，協助我們人際、財富、事業的成功。

近況

你有著質樸典雅的魅力，但由於你的臉皮很薄，面對壓力或質疑就會產生逃避的念頭，如同遇熱融化的蠟像、遇水暈開的畫作，別讓這些小事推翻掉你對愛情的努力，面對情敵，適時拿出武器來迎戰吧！你會發現並沒有那麼困難。

處事上你具有條理，在團隊中也能夠激勵他人，但你會因為害怕失控，而選擇走在安全的道路上，但一成不變也會降低創造力，當你發現工作發想漸成萎靡、提不起勁，就是改變的時刻到了。

工作上可能需要你付出相當多的心神，因此可能需要熬夜處理公務，肝臟可能出現過疲現象，若是錯過黃金睡眠時間，以及身體排毒作業系統，可能會造成難以回復的損傷，讓頭腦身體大當機，可就得不償失。

關於**愛情**

綠松石的未來是……

{ 寬心面對擁有與失去。 }

你願意為了心愛的人而犧牲生命，就像是常聽見的愛情提問：「如果媽媽和情人都身陷河流，你會先救哪一個？」不管是否先救親人還是伴侶，你一定都會捨身相陪。因此，一件意外的事件，將激起你內心真正的渴望，你也總能在情急之中，展現出你過人的魅力，讓情人刮目相看，並對你死心蹋地。

你可能會喜歡能和你智性談話的伴侶，而你最大的憂慮可能來自於親密伴侶的離去或死亡。但焦慮和擔憂對任何一方都無所助益，若是你因此打算毀壞自身，則是更為愚蠢的作法，對方也不會因此開心。好好活出你自己，找到生命的終極價值。

關於事業，綠松石的未來是……

{ **對內對外的態度一致。** }

你喜歡人們聚在一起的感覺，所以願意花心思舉辦聯歡晚會，或是為員工準備生日蛋糕，無形中凝聚了團隊的向心力。但你可能對陌生人太客氣，卻對親密的人太苛求，使得兩邊不夠平衡，當工作一整天回到家後，往往出現力不從心之感，感嘆沒有應有的關愛與溫暖。但由於你對勤務的付出，總能得到應有的報償。

沒有人不經過磨難就變得強大的，因此你堅信著：「人咬得動菜根，則百事可成。」因此願意從苦中做起，你能夠忍辱負重，並持堅強的信念，在低潮中一路前進，勤奮的工作態度能帶你走出新局。

關於 **健康**，

綠松石的未來是……

{ **眼球也要做運動。** }

由於工作上的需求，經常性的盯著電腦螢幕，將腦中源源不斷的創意，落實為具體畫面，日以繼夜下來，容易造成眼睛上的疲累，除了補充葉黃素等相關營養食品，也要讓靈魂之窗多加休息。

你可能喜歡戶外生活，因此可適當放鬆身心，不管是球類運動或海上運動，都可趁此宣洩工作上蓄積的壓力。

另外，也可試著作「眼球操」，藉由觀看一遠方定點約十分鐘，再將焦距拉近些定點觀看十分鐘，如此反覆，就能訓練眼球肌力。

34

天河石

空谷下的回音

一個難過的年輕人，對著空谷吶喊：「我不喜歡你，走開，我已經受夠你了……」山谷同樣回說：「我不喜歡你，走開，我已經受夠你了……」大自然，從來只是如實地反映我們當下的面目。

焦灼不安的靈魂，源於對事物汲汲營營、割捨不去。如果我們選擇坦然面對，得與失、榮與辱、愛與別離，可以靜心接受改變並慷慨成全，那麼走在生命的種種拂逆上，笑看人間多少愁。

或許每一次的決定，總會衍生悔恨，造成日後不再果決，在過河與不過間擺盪來去。過與不過，與河無關，重點在是否出發；成與不成，與選擇無關，重點在是否用心。既然出發了，就毋須回望；既然用了心，就毋須悵然。

如果我們能夠選擇快樂，為什麼要讓愁苦影響面容？能在語言上帶給人如香草的享受，為何不欣然給予大方的讚美？當中的欣賞，能讓你我都接收到對方那份善意的回報。花開花落是種循環，蟲鳴鳥叫是種自在，而你是自己生命的主宰，人生劇本的喜樂，由自己安排。

近況

你給人明亮又穩健的感受，因此頗能令人產生信賴感，在愛情中，你總是善於接受與傾聽，並能給予適時回應，這是一段充滿希望的開始。

你滿意目前的擁有，在物質上能夠無虞無缺，同時又能在心靈層面上獲得成長。尊重工作給予的回饋，若是增加行動上的信心，也能帶來財富的累積。

當內心感到不和諧的時候，通常在生理上相對地也會出現徵兆，不管是臉上的小痘子，背上的紅疹，還是異常的掉髮，都提醒我們要改變想法，並回歸身心的平衡。

關於愛情，天河石的未來是……

{ **開放善意，慎選伴侶。** }

你渴求靈魂的伴侶，如果對方能夠回應你心裡真正的需求，你們將相伴攜手，也許可於近期步入禮堂，並積極規劃下一段人生旅程。

因為你具有貼心浪漫特質，且保有理性務實性格，喜好釋放善意，因此對於同性與異性之間都頗具吸引力。也許暗戀你的人非常多，切勿讓這份欣賞的眼光成為濫情的開端。

你也許具有理想主義色彩，因此會過份要求對象的條件，是否內外都能夠與你匹配，門當戶對在你可能是一個問題。儘管交往時不設限，但真的走到最後的，往往出乎意外之外。

關於**事業**，
天河石的未來是……

{ 少批評，多讚美。 }

由於你對職場前輩們都能抱持著尊敬態度，也十分樂於請教他們，並從言談經驗的傳授中吸收菁華，實際應用於現狀，令你發現有些道理確實不假，你的虛心求教與積極意識，也為你贏得他人的敬重。而你的貴人有很多都是有歷練的長輩。

另外，你也許是善於人際社交的，在與他人共事中總能表現歡樂融洽，但有時你會為了求好心切而發表過多的批評，展現出具有理想和野心的一面。

凡事不留批判，多用些心學習與觀察，熱鬧中存有一雙冷眼，可以讓你看出許多真智慧。

關於 

天河石的未來是……

{ **爬山練腳力。** }

如果可以的話，盡量減少坐姿，你在上班的時間已經坐得夠久了，搭車時就盡量把位子讓給真正有需要的人吧！你可能缺乏運動，骨頭顯得僵硬，若是能培養固定的運動習慣，會讓身心更加健康。

骨骼是身體的重要支柱，亦是我們在母體受孕後第一個成形的部位，因此也凸顯了我們最基本的生存議題，檢視自己的物質與心靈是否能夠平衡，物質與心靈就像天平的兩端缺一不可，也無法只傾向一邊。

另外，也要留意過敏體質，可以加裝除濕機，以及空氣清新器，可以改善你的呼吸系統和睡眠品質的提升。睡覺前可作些輕微的睡前小運動，如抬腿或軀體伸展。

假日可嘗試爬山，能帶你看見更遼闊的視野，並享受山風的吹拂和樹林的自然氣息。郊遊露營也是一項不錯的休閒選擇。

35

青金石

改變的力量

我們無法拒絕季節更迭、天候轉變，因此總能看到大自然的姿態，因冷熱濕旱而有所變化，每種風情都使人駐足流連，每樣面目都讓人驚嘆悵惘：改變的力量是如此的神奇，如此的偉大。

一隻始終在陸地緩步爬行的烏龜，想要飛上青天，央求老鷹讓牠實現夢想，老鷹答應讓牠銜咬住一邊臂膀，等到飛上天際之後，烏龜開心的大叫，卻使牠因此墜落。

我們總滿心歡喜地渴望改變，但無法一步登天，過程緩慢經營、觀察時機，等待最佳的蛻變演出。站在全新裝扮的舞台，也不可過於得意忘形，才不會招致無謂的批評，以及惡意的挑釁，使成功之路蒙上陰影。下定決心改變，屏除舊觀念、廣納諸意見，才能在湧進新觀念的同時，順利培養正確的判斷力。

過去的經驗與學習，有時已經是一種限制，成為你我無法前進的阻礙，打破以往加諸在自己身上的框架吧！別再用過去的經驗處理當下的疑問，唯有改變，足以應付未來的生活。適時拿開框架，將禁錮已久的肢體伸展開來，破除不可能，才會看見無限大的可能，在生命的挑戰中贏取勝利。

近況

在愛情中，你從不希求對方的無條件給予，卻十分重視相處之間的融洽與否。因此你喜歡的另一半要能包容你的個性，並且願意追求共同的興趣及話題。

你願意獻身於工作，對於所做的事情也充滿興趣，並把它視為助人的一部份。因此，你不會對於加班有所怨言，甚至假日都會出現在工作場合中，除了能力備受肯定，經濟上也十分優越。

你偏好嗜吃過多精緻美食，有時又容易暴飲暴食，造成身體上的負擔，平日可嘗試清淡飲食，並以少量多餐的方式，來調養失序的身體。

{ **說出心裡話。** }

感情擁有易碎的特質，需要好好呵護，每個人都是獨一無二的個體，不能一味地要求對方性格或外觀上的改變。你可能並不愛說出自己真實的感受，使得對方常常苦於思索如何討你歡心，由於難猜透你的心思，因此也無法真正走入你的內心。

如果你不願意說出心裡話，那麼最後很有可能走向破局。也許對方有部分缺點，若能試著欣賞，情人眼裡出西施，也能成為一種獨特的美感。就像是雀斑，微小的佈滿整張臉龐，也能假想成晴空中的星辰，一點孩子氣的象徵。

試著互相分擔兩人之間存在的性別差異，狂野或內斂只是相處上的一種互補與調劑。

關於 事業，

青金石的未來是……

{ **輕鬆看待過錯。** }

你可能有著剛烈但正直不阿的性格，因此對於夥伴或下屬的過錯都看在眼裡，並一一記載向上呈報，因為你明白唯有如實的報告，才有完全的信任，讓你深獲上司的賞識，卻也種下不和睦的因子，使人更加提防你，無形讓自己邊緣化，而你對於這樣的結果也毫不在意。

因此，你可能會運用恐怖平衡的手法，讓辦公室裡的權利義務變得複雜。此外，你也許有懶散的一面，並樂於享受，把過往的成就變成實質奢華的物慾，花費許多金錢在美食上面。由於你性格中具有敏銳的直覺與觀察力，運用在工作職場上，可以讓你在夥伴、客戶間獲得許多助益。

關於 **健康**，

青金石的未來是……

{ **接觸人群，排解憂鬱。** }

你的性格敏感，又不願輕易傾訴，因此常把煩惱鬱積在心中，持續不得紓解，加上疏於運動的緣故，很容易造成憂鬱情況。

你也許會在肉體上尋找快感，因此變得性好漁色，雖然表面上無法顯露你的傾向，但私底下可能會流於耽溺。記得適時把自己帶向戶外，並維持正常交誼行為，可以讓自己體驗更健康的生活與兩性關係。

另外，要留意呼吸系統的疾病，也許常處於陰濕晦暗的工作環境，或接觸不潔的食品所致。

36

藍玉髓

愛自己愛人類愛地球

我們的身體是上天賦予、父母生成，自當要善加愛惜，除不得妄意毀傷，也要盡肉身之綿力，不負寶貴軀殼，實踐繽紛多彩的使命。

可是總有突如其來的烏雲，在身上投下陰影，有時我們可以稍加躲開，避過狂亂的雨滴，有時我們卻不免被落雷擊中，烙下焦痕、劃破肌肉。當陰影最後散去，如果內心仍然覆雪，噩夢將一再於心湖徘徊不去，受困憔悴的惡形。

向生命的一切說「YES ！」不拒絕任何加諸自身的考驗，是它令我們更加茁壯。當天父和地母的結合，產出的結晶就是愛，這份愛將帶領我們走過風雨塵埃。別被過去的傷痛所曚蔽，盡興揮灑，對抗病痛及紛擾，將潛藏的生命力喚醒，脫卻困境，激生創造力。

我們無從避免戰爭，如果發生爭亂，一切山崩海裂、萬物死傷慘絕，但我們可以發起賑濟，給予堅強的關懷及撫慰，台灣九二一、美國九一一、日本三一一、大陸五一二，因團結一心而被註記，因為勇敢，而能無畏面對。

我們要的不是紛擾，而是最終的安穩和平，追求幸福的根基，因愛自己而存，因愛人類而生，因愛地球而奮起。

近況

你善於言辭，容易用話語哄人開心，你的詼諧語法常使另一半捧腹大笑，兩人相處情景十分和樂。也許有許多暗戀你的人，默默注視著你，是因為你風趣的個性，而對你有良好的感覺。如果你還單身，可以多多留意身邊的有緣人。

在工作中，你善於溝通的長才使你成為企業的公開發言人，或部門與部門間的對話窗口，加上你樂觀的個性，使你擁有許多好人緣，累積豐厚的人脈存摺，積極的態度總能讓你獲致成功。

由於你經常扯著嗓子講話，因此喉嚨可能會有沙啞、腫脹或者是發炎的情形，甚至造成聲帶起泡、長繭，包括相連至氣管的毛病，會出現乾咳不歇的症狀，若咳出痰液或微出血，就要特別當心，也許是損傷了粘膜。

關於**愛情**，

藍玉髓的未來是⋯⋯

{ 保持誠懇的談話。 }

溫柔的情話講多了，會讓人覺得不夠誠懇，哪句是真、哪句是欺騙連自己也弄糊塗了，避免讓語言成為華而不實的功能。你的風采也使另一半起了擔憂，另外你可能有極旺盛的精力，並享受情愛的歡愉，容易受到肉體上的吸引。

你可能有好嚼舌根的的毛病，也許是求愛的本能使然，喜歡炫耀自己的功績。出於你對情人的不信任，在一些微小細節上可以感受到你的佔有慾。甚至你可能是善變的，會一直期望找到心中的百分百戀人，卻忘了情感是相對的付出與關心，老是拿過往戀情與今相較也不夠厚道，「是否合得來」比「分數的高低」來得更重要。學習充實自我、提昇內在涵養，與伴侶一起開誠佈公的溝通，就能享有幸福的愛情生活。

關於**事業**，
藍玉髓的未來是……

{ **切莫戀棧過往的功績。** }

你可能是熱愛家居生活的，在江湖上積極的拼搏，是為了存錢買房置產，建構屬於自己的美好又安穩的小窩，不用再去煩惱現實上的難題，成為「有巢氏」一族，落實幸福生活的想望。你的功績可能是輝煌的，但不必要過份留戀過往的精采，你目前還能繼續創造紀錄。

另外，你也善於製造驚喜，能帶給夥伴們努力工作的信念，共同為夢想打拼，因此你所屬的團隊總是業界的模範。口條極佳的你，信手拈來的如珠笑點，不管是晚會、記者會或尾牙活動，讓你擔當主持人一職，都能稱職發揮。除此之外，運用你口語表達的能力，加上你在工作職場上的專業，往往能夠擔任培訓講師一職，帶領團隊絕非難事。

關於 **健康**，

藍玉髓的未來是……

{ 喉嚨也要保養。 }

能說善道的特質，很有可能也會發生在與人的爭論上，因此常常爭得臉紅脖子粗，儘管對方最後屈於下風，你贏了面子卻失了身子，損失情誼也損失了好些腦細胞。畢竟太激烈抗辯，過了頭就是生氣與憤怒。

另外，你可能出現甲狀腺激進的毛病，因此你多汗又怕熱，也會出現心悸現象，若有眼球明顯外突，或脖子腫起，則要盡快求助醫生診治。

此外，你的肺部也可能有某些痼疾，因此可能有呼吸聲過大的情形，或出現胸悶不適感，應避免情緒過於激動。平時可多補充維他命與礦物質，以因應身體代謝的自然消耗。

37

藍寶石

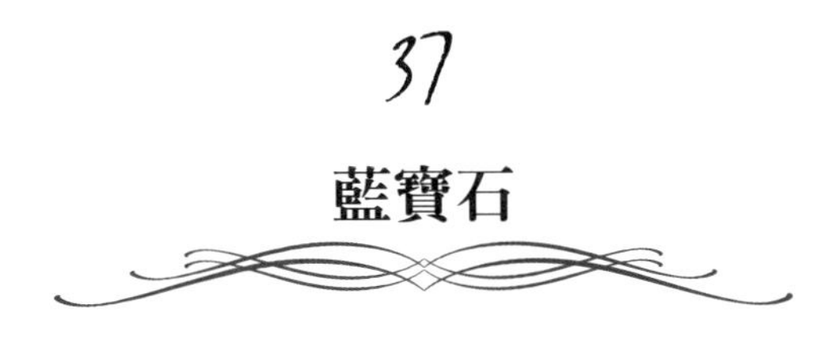

如詩歌一般的存在

弘一大師說過：「止謗莫如無辯。」要遏止他人無謂的中傷，最好的方式就是不要隨之起舞，靜待時光証明，黑幕過後終是天青。因此，我們可以沉潛內在，暫時遠離是非之地，不急於和他人爭辯，扯破嗓子不得閒，省下的時間剛好可以整理思緒，將紊亂不潔的鏡面擦淨，映照出清明的本心。

沉潛下來，讓時間證明一切。

每夜，星子們都來我的屋瓦上汲水／我在井底仰臥看，好深的井啊。／自從有了天窗／就像親手揭開覆身的冰雪／——我是北地忍不住的春天

——鄭愁予

我們在夜的海面上汲水，親手編織畫面，每個人的眼裡都是湖水，款款柔情，這深不可測的美麗，冰寒乍暖，是北地春天的融雪氣息。

欣賞身邊美好的事物，能帶來幸福的感覺，讓自己時時保持豐盛及富足的能量，可以免去負面思緒。若能將正向思考化做行動，心想事成將不遠。

生命如詩歌一般的存在，接觸並欣賞美麗的事物，會帶來豐盛的滿足。抱持學習的態度，生活有著取之不盡的寶藏，將帶領你我走向桃花源境。

近況

你是一個深情的人，溫柔又忠誠的特質，使你受到同性和異性的愛慕。然而你對伴侶忠實又專一，使得愛情總能維繫相當久的時間，甚至就此結為連理。你的博學多聞，追求靈性成長，也有可能使你成為愛情的絕緣體，卻擁有能夠分享生活的知己。

你有特別的領悟力，因此能投身具有宗教性的職業當中。另外，工作上你常能帶給人睿智的建言，同時善於傾聽、願意付出，因此通常都能有良好的位階與待遇。

當發現下巴或嘴唇四周不時冒出痘子，就代表身體疲乏中，用海鹽或溫水泡腳，或是可以多喝青草茶、綠豆湯、冬瓜茶與仙草湯。在飲用清涼甜湯的同時，讓身心一併放鬆。

關於**愛情**，

藍寶石的未來是……

{ **不要任意打分數。** }

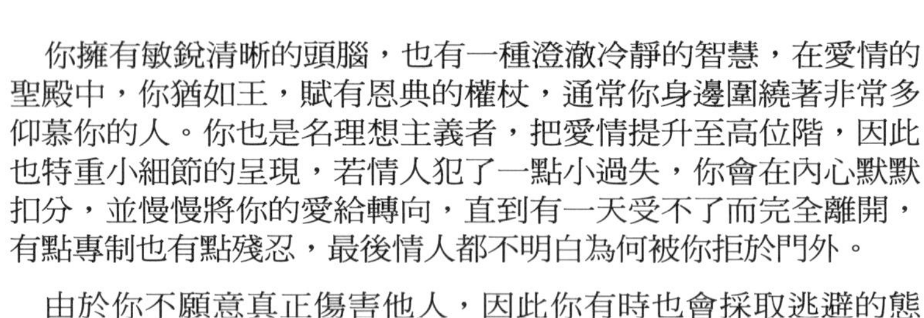

你擁有敏銳清晰的頭腦，也有一種澄澈冷靜的智慧，在愛情的聖殿中，你猶如王，賦有恩典的權杖，通常你身邊圍繞著非常多仰慕你的人。你也是名理想主義者，把愛情提升至高位階，因此也特重小細節的呈現，若情人犯了一點小過失，你會在內心默默扣分，並慢慢將你的愛給轉向，直到有一天受不了而完全離開，有點專制也有點殘忍，最後情人都不明白為何被你拒於門外。

由於你不願意真正傷害他人，因此你有時也會採取逃避的態度，然而真正的愛情帶有包容與諒解，你不會為了一條蟲就砍光所有的樹林，也許你還未找到屬於你命中注定的那一半。

關於事業，

藍寶石的未來是……

{ 多研讀心靈書籍。 }

在你沉穩尊貴如王的外表之下，你內心具有濃厚的溫情及憐憫之心，因此有著極佳的說服力及同理心，也頗能成為一名好的談判者，一如古代遊走各國不卑不亢的外交使者，明智又謙和的態度，加上不凡的見識，終能獲得禮遇。

另外，你可能是個禁慾者，或虔誠的教徒，承受著身體上的煎熬苦修，願捨棄私人的小情小愛及片面歡愉，因緣際會地慢慢轉而投入更大的使命，從事神聖的職志。

你也富有強烈的直覺感受與對產業的開創性，年輕時會專注於工作上的探求，並嘗試多領域的學習，隨著年紀增長，你會喜歡更寬廣的靈性智慧，並顯現在你待人處世之上，更見成熟與圓融。

關於 **健康**，

藍寶石的未來是……

{ **解開心中的結。** }

你可能易有憂鬱的情況，對著下雨的天空泛起愁緒，想起浪擲的青春與錯過的緣分，有些時候更有自我毀滅的傾向，利用身體上的疼痛來轉化內心難以排除的悔恨及哀慟。也許你具有悲憫性格，除了對親人之間的愛難以割捨，也放不下過往伴侶的情，分離與死亡的關口衝擊你的思緒，但盲目的行動並不能真正卸除焦慮或解決問題。

你也許可以尋求心理醫師，或進行靈性療癒，專業的引導可以使你走出憂鬱，並找出困擾已久的真正原因，很多時候都是幼年時代所留下的創口，沒來得及處理，在你心力交瘁的深夜，像噩夢一般一再來回索討進逼。

38

紫黃晶

變就是唯一的不變

人活到某個時候，需要有所回顧，反省那些遲交的人生作業，以及懸盪在及格邊緣的情感界線。當然，其中還包含著許許多多的感激與致謝，讓我們安然無恙的跨入未來。

辛波絲卡（Wislawa Szymborska）在〈致謝函〉這麼寫

我虧欠那些 我不愛的人甚多。

另外有人更愛他們 讓我寬心。

很高興我不是 他們羊群裡的狼。

我了解 愛無法理解的事物 我原諒 愛無法原諒的事物。

感謝他們 我生活在三度空間裡，在一個地平線因變動而真實，既不抒情也不矯飾的空間。

他們並不知道 自己空著的手裡盛放了好多東西。

寫盡對親友的感恩，在一個地殼持續變動的世界，我們生活其間，情感來去、工作來去、生命來去、緣份來去，許多事情並無法盡順人願。當我們以為手中的寶貝已所剩無幾，面對變化萬千的花花紅塵，所能做的便是接受當下的樣子，不灰心、不氣餒。

不用害怕「改變」，運用「破壞」的刀剪，減去人生的枯枝爛葉，重生的力量，帶來智慧與財富。一轉念，在變與不變之間，原本空空的雙手，正準備迎接滿懷的落果。

近況

由於你對愛情有著不安全感，會顯現在和戀人的相處上，有時會出現口角上的摩擦，都是因為一些雞毛蒜皮的瑣事，可能是牙膏的擠法、拖鞋的朝面、待洗的衣物或食物的口味等。不過這些小毛病或壞習慣，讓你更顯人性化。

人生充滿了「無常」，原訂的計畫須不斷地調整，試著學習臣服並接受現況，太多的變數締造不同的變化，才充滿有趣的結果，因此不必過於煩惱。

即使手中有一付爛牌，只要懂得如何出牌，也有贏的機會。

雖然外表不是你考慮的重點，偶爾到美髮師那裡整理一下，換個新髮型，會讓你看起來精神奕奕。

關於愛情，

紫黃晶的未來是……

{ **放掉雞毛蒜皮的瑣事。** }

在親密關係中需要強大的承諾，擁有口頭上的承諾會讓你感到安心，找到一位願意與你談心的對象是非常重要的事，如果他也不把愛情當遊戲，想跟你共同經營，你們會在安穩的關係裡共同成長。

在交往起初，外表不會是你特別考量的面向，但經濟上的許可，會讓你擁有較寬裕的購物享受，滿足你偶爾想要奢侈的願望，因此經濟獨立的情人令你感到可靠。

你可能會是重感官的人，維持一些小情趣，讓生活更富變化，而你也喜愛對方擁有和你不同的興趣，豐富生活。這樣一來就有互相討論的火花，你也會樂於學習，你們互相觀摩、互相欣賞，在彼此的樂趣裡找樂趣，會是十分有趣的活動。

關於**事業**，

紫黃晶的未來是……

{ 落實責任分屬。 }

每個過程，都是生命的禮物。終點只是排列組合的結果，並不代表輸贏，只要你從過程中領悟處事的變通方式，會令你面對往後工作更有活力。

由於兼具妥協與開創的兩面性格，你可以是良好的爭論調停者，站在兩方立場給予明確得宜的忠告。

在工作的界線中能作明確判別，落實責任分屬也使得你可以清楚得知每個人的能力界線。

「變與不變」的雙面特質，成了你的處事哲學，使得你能夠輕易調整，不管是面對嚴峻的質疑或是一團糟的爛攤子，總有辦法抽絲剝繭一一釐清、歸類、整理。

你極適合擔任意見的仲裁領袖，或是關於分歧思想的決斷者，法官會是你給人拍板定案下常常想起的角色。

關於 **健康**，

紫黃晶的未來是……

{ **該捨則捨，當花則花。** }

也許過去習慣抱怨的你，常用憤怒與拒絕表達自己的感受，試著敞開心胸做些微調，你會發現世界其實可以不一樣。

從生活上的小物品慢慢汰舊換新，也能讓你有新觀念的啟發，同樣的，身體也需要吃些不一樣的食物，讓臟器可以吸取更豐富的養份。

另外，可能是經常在外用餐的緣故，你的肝臟可能有些顯微病兆，可以觀察一下你的膚色，是否過於蠟黃。

所有的生活需求都有一定的代換性，生活上的物品也有它的消耗性，如果不能及時清理與替換，可能會影響居家品質與進一步危害身體健康。

因此，也要注意身體上的代謝系統，包括消化系統，食物能在良好的身體空間活動，才會有好的吸收。

39

紫水晶

幽默化解僵局

手握一個寶石 然後就寢

那日天氣舒暖，清風徐徐 我說「它將不會消失」

醒來 我嚴斥誠實的手指，寶石不見了

而今，一個紫水晶的回憶 是我唯一的所有

——艾蜜莉・狄金生（Emily Elizabeth Dickinson）

〈紫水晶的回憶〉

太熟的朋友和親人，總以為對方能無條件的體諒與遷就，因此禮節失了，包容的雅量也缺了，造成不快，見面能避則避，要是同住屋簷下，只好視而不見。

好比散落一地的紫水晶，多了，就不懂珍惜，並非刻意的疏遠，只是懶得彎腰拾起，以為它永遠在那裏。我們不用等到真正的失去，現在就可以拾起散逸腳邊的紫水晶，維繫真誠的關係。

運用你的智慧，讓幽默感化解彼此的不悅，你會發現，原來一直是身邊默默支持你的力量，為你帶來好運與靈感。你原就是豐足的，只是遺忘了珍視身邊的寶物，不要讓它再次逝去。

每夜就寢前，輕輕彎下身，帶著優雅謙卑的心態，拾回幸福的感覺。早晨醒來，一切的答案早就存在你的心中，靜下心來，細細聆聽內在的聲音，你會發現幸福無須向外尋求，因為你身邊已是滿滿的祝福。

近況

在情人眼裡，你是充滿智慧的愛人，進退之間，拿捏得當。

有時你喜歡享受孤獨，享受一個人生活的時光，也讓你的情人擁有屬於自己的興趣喜好；有時你也享受兩人相處的時光，用心規劃經營彼此的共同回憶，兼具知性與浪漫的你，總能讓情人感動不已。

因為你過去的努力，最近的你將會有貴人出現在你身旁，好好善待每一位來到你面前的人，不管他是什麼身分，終將引導你走出問題的漩渦。

過去的你一直是千里馬，只是恰好沒有巧遇伯樂，現在可以好好把握機會！

有空讓你的頭腦休息一下吧！讓紫色的能量修護你使用過多的腦力，放鬆、放空正是你現在需要的。常常腦壓過高引起頭痛最近常遇到的身體問題，不妨到郊外踏踏青，讓自己釐清目前正在解決的問題。

關於 

紫水晶的未來是……

{ **偶爾當個小跟班就好。** }

若是把相處的主導權總掌握在手中，這會讓你越來越疲累，而對方也越來越依賴，不妨適時地要點小賴，把主導權交給對方發揮唷！

你欣賞富有幽默與機智的人，你會在長時間的相處下持續觀察，如果對方在各方面都沒有成長，可能會落出你的託付名單。

然而要會彈鋼琴並精通其他樂器，又要會跳高游泳和舞技，小心不要把對方當作十項全能的機器，也許條件設限太高，也容易嚇跑千載難逢的機遇。

聰明的你，對愛擁有高標準不是問題，只是需要給予對方時間消化和學習，有心比起任何空殼殷勤都來得珍貴！

相信你也不會要一個只當擺設、面面俱到的假人。

關於**事業**，

紫水晶的未來是……

培養明星接班人。

你可能是一個按部就班的人，同時帶有優雅的處事哲學，因此不願意把工作行程堆得滿山。也不習慣長時間的加班勞累，卻能完成所有責任內外的分配，能力備受肯定。

除了工作之外，你也懂得兼具生活品味。

你是解決問題的達人，只要碰到問題找你就對了，因此你也聚足了財富與經驗。若你已經自己經營公司或擔任公司主管，經驗會讓你累積許多能力，然而也因為能力強，所以員工或下屬漸漸養成依賴的習慣，遇到大小事都會來找你。

該是放手的時候，現在的你是明星，然而接下來的你需要培養明星團隊！

若你是公司員工，你應該適時發揮自己解決問題的能力，因為你會是強而有力的智囊團。

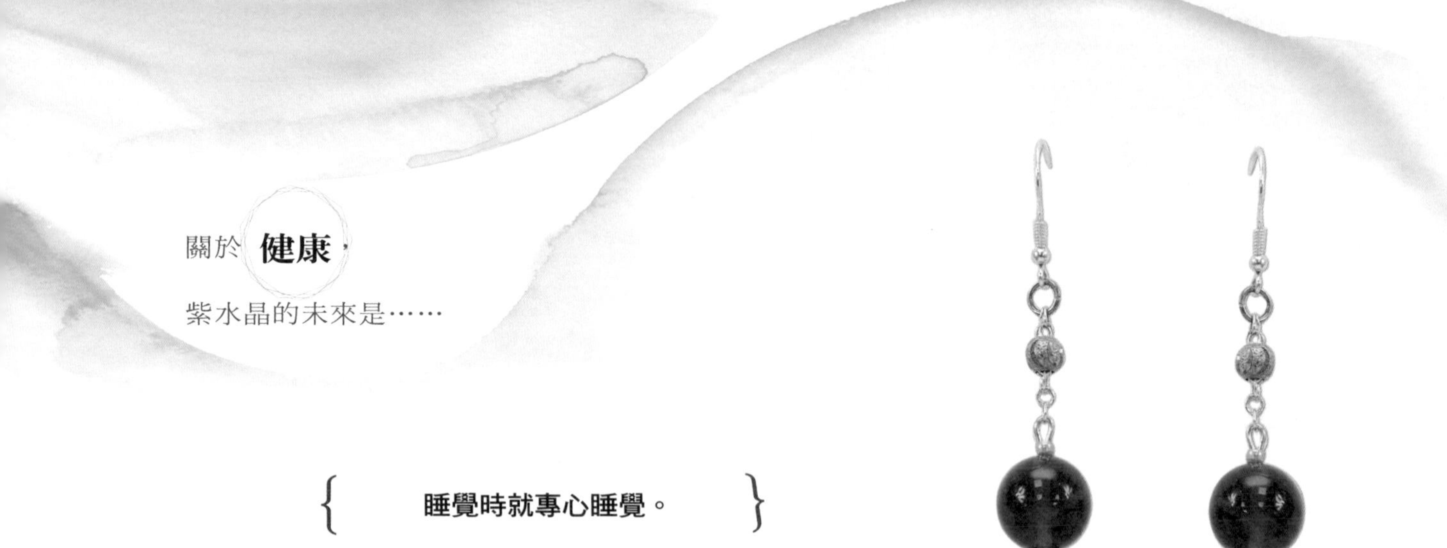

關於**健康**，
紫水晶的未來是……

{ **睡覺時就專心睡覺。** }

或許其實根本就沒有問題，夜裡翻來覆去的原因，只是因為放不下心！

安心休息，失眠的困擾就會遠離你。

你也許會有思慮過多的情況，小心不要讓憂鬱症有機會找上門。

長期失眠會影響生活品質及工作效率，入夜後，盡量讓身心保持平靜，不要接觸過於激烈的活動，或食用過份油膩的食物。

有時候會感到專注力與集中力的下降，試試冥想，從安靜中找答案，它能解決你的困擾。

40

彩虹碧璽

不放棄學習

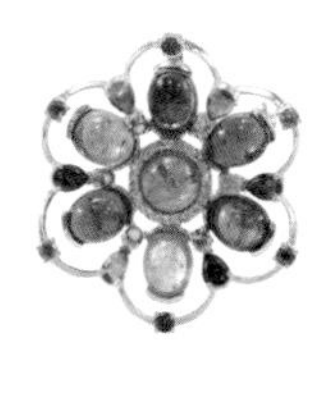

學習是一條永不停止的路途，前方充滿未知，如果失去嘗試的熱情，將感受不到新氣息。

有個朋友經常做噩夢，睡眠品質極差，醒來後仍是充滿疲憊，原來是因為長期賦閒在家，缺乏休閒活動，除了看電視，把電續劇和綜藝節目熟背，除此之外，就是漫無目地的閒走與長長的發呆。

不管是華齡之年或退休之歲，如果沒有目標、缺乏規劃，我想任誰都會了無興味。

人生路上，若總是忽略美景，是多麼的可惜的事！不僅失去嘗鮮的樂趣，也失去生活的愜意，行過漫漫長路，只在心頭留下一片茫然記憶。

只要用點心，多注意眼前的風景，試著動手學習，便能從中得到有趣。新鮮的話題總能引人開懷，繽紛的色彩也會因而綻開。

與其後悔過去，期待未來，不如活在當下。工作就專心工作，玩樂就認真玩樂。偶爾和自己獨處，可以接收到源源不絕的創意點子。

積極學習，生命總會找到它的出路，樂趣也是。

近況

你的外表形象良好，通常也會有著精緻細膩的五官，身形穠纖合度，也十分懂得穿搭衣服，令人感受到彩虹般的動人魅力。

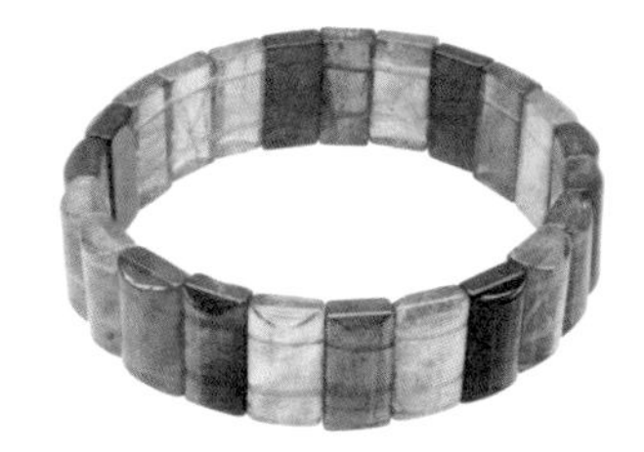

你擁有豐沛的靈感與創造力，利用自由意志所演繹出的結果或成品，展現出驚艷的才華，常會令人嘆為觀止、愛不釋手。由於善於表達的特質，因此你也很能博得他人的支賴及信任。

你的健康狀況一向良好，但要留意發炎症狀，因為發炎就是身體在戰爭，如果發現有些疲憊的情況，可以暫先放下手邊工作，好好休息與徹底檢查。

關於愛情，

彩虹碧璽的未來是……

{ **愛情沒有什麼道理。** }

你愛好文化活動，閒暇時會去觀看劇團演出、聆聽音樂演奏會，也許你的真命天子／女，會在這些場合出現。而你喜愛的對象，可能是位藝術家或表演者，他們的創作能量，能激發你更多的愛意。

電影《花樣年華》：「我也沒有想過，我一直在想，他們是怎樣開始的，現在我明白了，原來很多事情都是在不知不覺中來的。」劇中人物蘇麗珍、周慕雲，兩個互生愛意的寂寞靈魂，卻因各自有著割捨不掉的傷痕或芥蒂，造成了無法坦然面對愛情的訊息，相同的情節也許會發生在你身上。

過去不愉快的生命經驗，令你裹足不前。學習與自己相處並接收更多的機會與訊息，就可重新開展新戀情。

關於**事業**，

彩虹碧璽的未來是……

嘗試自己動手做。

不要過分揣想未來，把當下做好即可，腳踏實地可以帶來更深刻的體悟。你可能很敏感，任何事都想要徵詢眾人的意見，歸結出幾種方向後，自己卻又陷入不得其解的苦思，造成業務延宕，發揮自己積極的那一面，果敢行動，你會明白計畫永遠趕不上變化，機會不等人，沒有必要考慮太多。

你也許有嬌弱的一面，經常需要他人的協助，使你無形中養成了依賴的習慣，也失去了深入探索的契機，若是一旦被拒絕，則會顯得惱怒，而傷害了工作間的和氣。另外，你擁有高雅的審美力與靈活的創造力，具備美感經驗，培養出與眾不同的獨特眼光，接受自己擁有獨到見解並發揮出來，會讓你有意想不到的收穫。

關於 **健康**，

彩虹碧璽的未來是……

{ 定期生機飲食，讓身體自然排毒。 }

當你有滿腹理想正要一一開展發揮，若是因為健康的缺憾使人無法成行，那是十分令人灰心的。因此，要好好愛顧自己的身體，才有本錢追求事業。

你也許因某些原因，而長期吃消炎藥或抗生素等藥品，這會造成肝腎負擔，另外你可能有不明腹瀉情形，也許是飲食上出了問題，試著留意日常的食物選擇，找出過敏原。以及建議從生機飲食開始，讓身體自然地排毒，使內在身體器官恢復最自然的原貌。

發炎的現象除了是身體的戰爭外，就心靈層面而言，是因為在生命的過程中你所看見的部分狀況是無法接受的，甚至是感到憤怒與挫折的，釐清哪些是需要改變的模式，哪些是他人需要負起的責任。

41

黑瑪瑙

成為展翼的鳳蝶

破壞，是生命重建的機會。接受生命的不完美，只要我們還是自己的主人，仍有改變的可能。

在一間裝潢雅致、風格高雅的餐館，一位經紀人，想簽下對面畫家的出版代理權，說得口沫橫飛。他說，會如何將畫家推向藝術的頂巔，卻遲遲對於簽約金有所保留，想以低價簽下畫家，以賺取高額的出版與酬庸。藝術無價，既然如此看重，卻不願多給一些費用。敏銳的畫家，當是明白這是一場「鴻門宴」，要簽約不可能，要走卻也不容易。

經紀人正說得熱烈，左臂一揮，忽然把杯茶潑灑在白色的粉壁上。餐廳老闆見了，堅持索取賠償，價格不菲。利益算盡，經紀人不願妥協，遲遲不願點頭付費。一陣言語拖拉，那名畫家默默取出墨筆，起身往牆面大筆一揮，一幅美麗的水墨鳳蝶，栩栩如生，所有人讚嘆不已。耀眼的鳳蝶，變成餐館的鎮店之珍，往後人潮不絕。

只要擁有智慧，就能永遠進退有據，不受他人牽制與擺佈。所有發生的事，都可以是轉機，不要讓他人的過錯變成自己的汙點，生命就是從經驗中療癒和學習，領悟得當，污漬也能化成展翅的鳳蝶。

近況

你十分善於處理兩人關係，對情人的無理取鬧很能夠體諒。

找到一位能與你溝通無礙的對象，對你而言十分重要，如果對方不那麼愛鬧脾氣、耍小個性，你們相處會更融洽。

工作上有許多該做的事，但你可以選擇哪些重要、哪些次要、哪些不必要，別浪費太多時間在無謂的瑣事上，往往一天下來，才驚覺很多事都沒有做、報告趕不完、會議忘了擬。

若能做好時間規劃，能讓你提升效率。

也許是長時間姿勢不正確，靜坐、行走駝背，造成脊椎疼痛，建議可以換張符合人體工學的椅子，軟硬適中，並時時留意行走坐臥的姿態，提醒盡量挺直上身，避免壓迫脊椎致生病變。平時可以多補充鈣質及曬太陽。

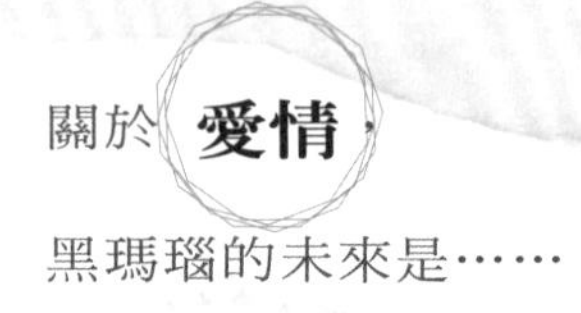

關於**愛情**，
黑瑪瑙的未來是……

{ 過份包容即是縱容。 }

雖然這並非你的問題，但過分包容即是縱容，不能從情感關係中獲得共識，就很難維持較長時間的好結果。

任何爭吵或脾氣都不是無來由，也許想一想，你是否在什麼地方曾經惹怒對方，或是犯了對方大忌而不自知。

如果詢問後可以有所答案，若依然不得解，也許可以改變你對待情人的方式。在表達意見時，不再用模稜兩可的語言，改用堅定確認的語氣，使對方明白你的決心；也許在對方鬧脾氣時，不要太快妥協，讓對方明白無理取鬧並無法如願，過段時間後再以溫情安撫。堅毅的心，會提煉出安全感，使對方信服。

其中的拿捏也非常重要，否則容易弄得不歡而散。

然而真正心有所屬的雙方，是不會因為小摩擦就放棄經營，在一次次的磨合中，也許就會察覺到對方的改變，而你也因此有所領會。

關於 **事業**，黑瑪瑙的未來是……

{ **去無存菁，提升效率。** }

發揮你原有的天賦，善於處理紛爭的耐心，使關係融洽。學習向上管理，好好向上司與同事做善意溝通，他們能夠明白你在團隊中的位子，也能給予更大的包容。

敏銳的觀察力是你的本能，你能從他人的眼神或語言中，窺探出許多表情、字面下的意涵，也因此，懂得察言觀色為你帶來不少好評，因為你的貼心設想，給予對方台階，保持一貫善意的道別，讓許多人願意給予機會，留下賓主盡歡的情誼。當你再度拜訪，自然也會提高規格的接待你。

你樂於為他人服務，且朝著自身的理念前進，甚至懷有雄心抱負，願意貢獻己身、投入社會，為國家、大眾謀求更大的利益。

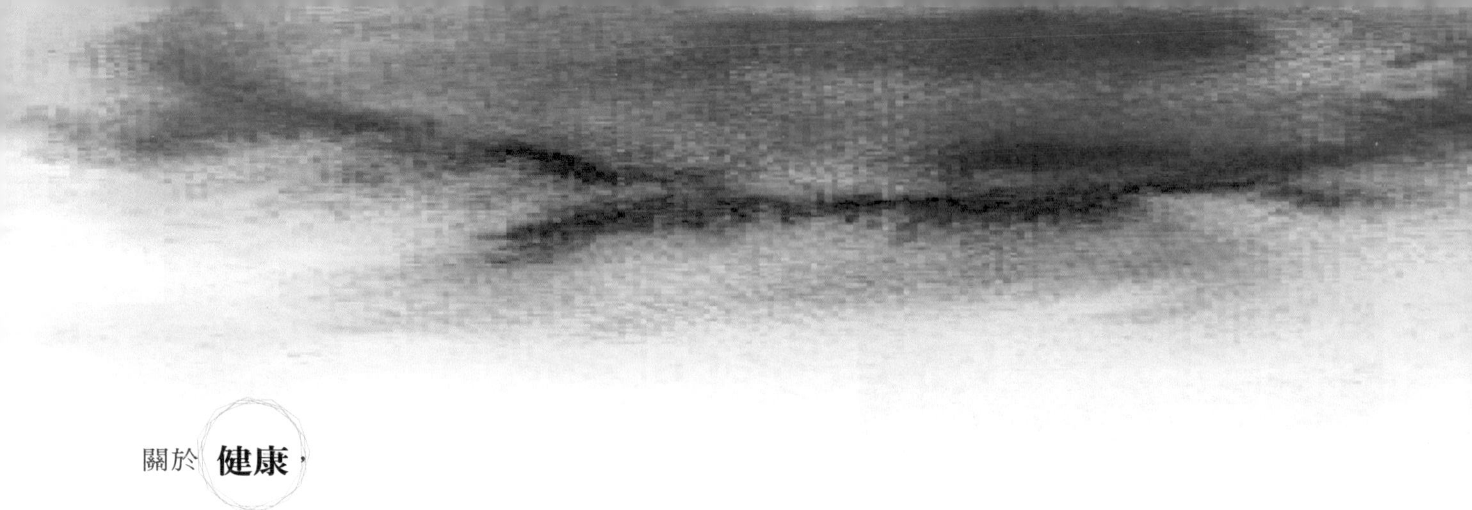

關於**健康**，

黑瑪瑙的未來是……

{ **不要學鴕鳥埋頭前進。** }

你可能會有不苟言笑的時候，使人望而生畏，容貌的變化是你較少注意到的。不願刻意冷漠的你，也許可以隨身備個小鏡子，練習微笑的角度，不需特別誇張，只要帶給人願意親近的感受。

此外，也要留意生殖系統，可能吃了過多的含糖食品，加上食物裡增加的化學添加物，可能導致不孕症等文明病。在注意飲食之外，也要關照心靈世界，內心的你可能會擔心自己不夠好，而不敢展現自己，然而，並沒有所謂完美的人，只有生命完整的人。

42

西藏天珠

張開翅膀與人合作

青春的汗水，應該盡情揮灑。

「一二殺、一二殺」

女校拔河隊，再次傳來捷報，對於這群青春女孩，除了佩服之外，有的，是羨慕。佩服她們手生厚繭，不覺苦痛；羨慕她們滿腹熱情，光芒動人。比賽的輸贏，有時只是幸運，最重要的是，每個人因此有了更強韌的自我肯定。

拔河是一項重視團隊合作的運動，唯有全隊一心，有節奏地握住粗繩往後拖拉，透過聲嘶力竭的心戰喊話，絞成一線的臂力與後盾，互相支援，才能將勝利女神拉向自己。

成功，是一群人的事。

當心思成想法，想法產生行為，結合願意作為後盾的家人、默默支持的友伴、給予援助的貴人從旁施力，使我們力量倍增，才能乘著夢想的大翅一起飛騰。

因為受人幫助，所以也有了幫助人的能力。我們不吝惜去協助他人，當他人的靠山。唯有相知相惜，風雨中生信心，枯木開出新枝。

頓時，厚繭算不了什麼，磨難也痛不上心頭。我們佩服對方，也欣羨對方，因為彼此都是最好的榜樣。這世界如此美麗，就讓你我攜手，一起完成。

近況

你善於照顧他人，在愛情中，對方也十分滿足於你的呵護。

也許你的生命歷練較為豐富，因此對方把你視為導師，有一種崇仰的成分在裡面。然而你對於朋友間的疑難雜症也會顯得熱衷，也會花較多時間在和朋友相處，使得情人有時流於陪襯，可能情人不適應和你的一大群友人過份親近，內心比較想與你單獨相處。

在崗位上可能會遇到一些困擾，盡量把它視為經驗的累積，學習與付出可以增加你的熟練度。

此外，你若能釐清協助與拒絕的拿捏，就能服務到那些懂得感激和說謝謝的人。

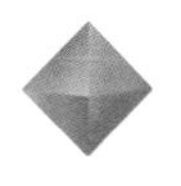

也許是長期暴露在油煙、燃香、二手煙的環境，造成你的心肺呼吸系統不佳。

儘量找時間多接觸大自然，讓自然的力量淨化你的身心，同時找專業醫療師、營養師，為你的身體打造更適合的雙管療法。

關於**愛情**，

西藏天珠的未來是……

{ 別把情人晾一旁。 }

在友情與愛情之間，你顯然比較喜歡一群人的相伴，但這並不意味你不需要最親密的夥伴。

然而好管閒事的性格，可能出於你的熱心，但往往自己的感情問題還有待解決，就瞬間成了別人的愛情顧問，把情人晾在一旁，這樣似乎有些不妥。

你的情人多半都是從朋友開始做起，因此通常有很堅固的基礎，彼此也能了解各自的優缺點，並給予欣賞及包容。

很多問題只要當面說清、即時問明，後續就不會太難過，也許不要那麼多「無謂的成全」，真的想要爭取的，就勇敢的表達意願，你也能有完美幸福的機會。

關於**事業**，
西藏天珠的未來是……

勇敢拒絕。

雖然你總願意攬下過多的工作，同事們也都會佔你便宜，除了全盤接受，在你感覺經驗值已經可以足夠讓你有所回應時，也許嘗試拒絕，當下的「不」或許無法被驗證，但你勇敢的拒絕，讓他人明白你不是個照單全收的笨瓜，你也有自己的主見。

在一段時間後，你可以有更多的經驗及想法，成熟的行事風格，讓你具備更廣的見地。此時的你，很有可能是別人的導師，對那些青澀茫然的人作有力的生命指引。

功成名就的你，也許不再著眼於跟前的利益，而想要創造更大的神奇，在靈性與知性上深入鑽研，這份前瞻思想亦使你提早了悟人生。

不過你對夢想的追求仍未有停歇，唯有實質層面的支援，才能實現你對未知領域的投入。

關於**健康**，

西藏天珠的未來是……

{ 病從口入，魔由心生。 }

最近需要說話的時間很多，多保護支氣管與喉嚨，並多接近大自然，讓心肺、喉嚨都得以清新。

你內斂的性格，讓你習慣於聆聽內在的聲音，愛好深思與閱讀，使你看起來比他人更顯睿智。

常說疾患是「病從口入」，屬由外而內；也別輕忽「由內而外」的病況。處處乾淨環境，可以不生細菌，保持清新；時時檢視內心，可以掃除積垢，重整心靈。

此外，不要因為過份熱衷於宗教與神秘世界，躲入逃避面對的情境，而與世界斷了聯繫，封閉也會影響人格發展，做出違常舉止，以及對於事件的正確判斷。

#17

黑曜岩

唤醒心中的黑金刚勇士

「○」。

「這是標點符號中的句點。」國文老師說。

「這是運算公式中的零。」數學老師說。

「這是英文字母的 O。」英文老師說。

「這是基本元素的符號：氧。」化學老師說。

「是一塊披薩的餅皮。」家政老師說。

「是五線譜上頭的音符。」音樂老師說。

而你，覺得那是什麼？打破舊有的思緒，不要被常規給囿限了。請信任直覺，突如其來的靈感，是上天的禮物，比經驗還具影響力。眼前呈現出的種種訊息，都是重要的預兆，它將對你訴說，你的天賦使命，學習辨認預兆，是種樂趣。

大腦埋下的一粒種子，會在眼中開出一棵樹。換個方式觀看，世界原本就不是你想像的樣子。你早已具備接引能量的能力，在剛毅沉穩的外表下，你依然擁有柔軟可塑的心。

別讓強悍的執著僵化了想像力、凝結了行動力。喚醒自己內心的黑金剛勇士，突破現有逆境，戰勝天敵，享受豐美的智慧結晶。

近況

你不經常掉淚，但你也曾為了一段深刻付出的愛情落下淚水，也許至今那處傷痕一直反覆襲上你。

因此，你開始武裝自己，面無表情、冷面無歡地對待你的戀人，誤讓對方以為是否做錯了什麼事，惹得你不開心。

你有很強的責任感與進取心，基本上你是抱著隨時作戰姿態，在經營自己的疆土。而你也總是能夠按照心中藍圖，一步一步達成你想要攻佔的領域。

你的同袍或屬下都樂於與你並肩作戰。

時常神經緊繃，可能造成背部的壓力，感到無法輕鬆舒展，連呼吸也變得吃力。想想最近的深呼吸次數是否變多了，可見壓力不小。

時常問：「為什麼？」「去哪裡？」「做什麼？」一連串質問除了弄得對方不耐煩，其實你也十分疲累，也許很多時候順著心志，不需要有太多的理由或原因，只要去做去感受就對了。

關於

，黑曜岩的未來是……

{ 把心打開。 }

無謂的防備只會讓情感關係越行越遠，儘管你內心充滿熱情，卻從不輕易展露，說出口的話也是又短又硬，把溝通的窗口一把封住，甜蜜的空氣半點也流不進。

黑色是你最喜愛的色彩，代表你的保護色。也許你也明白窗戶打開，外頭是如此繽紛多彩。性格強悍的你，彷彿不敗金剛，對於愛情，你可能把它視為作戰。

在親密關係中，你也許渴望征服、追求大膽，面對兩人的相處，馴服對方令你感到心安，如果情人是個百依百順的個性，也許起初你會感到滿意，後來卻會對另種類型的對手傾心。

然而，你也有專情與固執的一面，佔有慾強烈，偶爾給對方喘息，也是給自己喘息。太過濃烈與激情，不能當作例行性的相處之道，偶一為之也許能帶來情趣，日常中需要更多地體貼與和平。

關於**事業**，

黑曜岩的未來是……

{ 偶爾也請寬以待己。 }

過於執著有時也會刺傷自己、刺傷別人。你可能會因為馬前失蹄，沒有辦法達到業績，而責怪整個團隊，或負責哪個環節的人員，被你罵得臭頭的人，心裡怨怪你，但他們也明白你苛責最深的還是自己。

在你富攻略性的另一面，其實你也有很強大的自省能力。

另外，你兼具戰略家、籌謀士的果敢無懼，也有雕刻藝術家的堅毅刻苦，可在任何材質上完成巧奪天工之鉅作。

在邁向目標的路途中，別擔心是孤獨一人，宇宙能量會不斷地協助你，張開翅膀享受有別於作戰，乘風飛翔的快感吧！

關於**健康**，

黑曜岩的未來是……

{ **順心而為。** }

肩頸的放鬆能夠為你帶來快活，試看看舒壓按摩機，或是健康枕等小工具，偶爾與另一半互相按摩，除了維持健康，也能增進雙方的情趣。

如果你有用藥的習慣，不管是任何原因、各種症候，建議捨棄它，因為長期的藥物會帶來身體最根本的損害，一旦根深柢固，你就無法離開它，甚至會因此有過量危機。

你具有勇士的戰力，以及修士的靈性，靠著內外平衡，將這份能量發揮出來，活得又長又有品質不是問題。

黑色碧璽

馴服強大的情緒

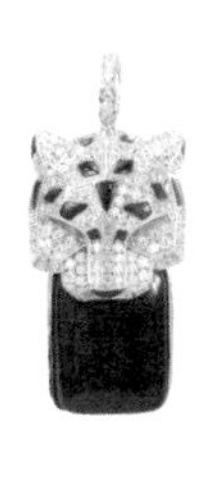

我要跟你說個小小的故事，說的是一隻螞蟻和一名戰士。

有一名驍勇善戰的勇士，在一次戰役中敗下陣來，全部士兵都被敵軍殲滅了，只剩他一人逃出敵營。他不得已，躲藏在一間殘破的小廟中，案首上供奉著一尊菩薩，儘管年久失修，牆面都斑駁得十分脆弱，彷彿風一吹就足以推倒整棟建築。

菩薩，仍帶著平靜的笑。

「菩薩，請你告訴我，生命還剩下些什麼？」

士兵一個人，茫然失措，除了絕望，感受不到其他。

他看見一隻螞蟻，揹著比身子大上數倍的餅屑，奮力地往牆上爬，卻一再地掉下來。他默默看著螞蟻，每當以為牠要放棄的時刻，螞蟻又駝著餅屑往上走，一次又一次。

忽然，他領悟到，是低眉的菩薩正在說——所謂生命的意義。人生的戰局，正等著我們去挑戰。勇敢的戰士，可以克服絕境，接受失敗的情緒，面對敗落的事實，別讓情緒成了失敗的種子，只要沉潛再起，勝利的旌旗會重新升起。

如果一隻螞蟻都能克服逆境，你怎麼可以輸給小小的身軀。我相信堅強如你，絕不是被擊倒的那一名。

近況

你擁有一雙帶電的眼神，好比梁朝偉一般有著含情欲語的眼睛，而那種蘊含故事及情意的神情，是沒有性別之分，只有對不對味。

只是對於真正喜愛的對象，若能多點專注，並捨去其他莫名的邀請，你能省去大半覓尋的時間。

其實擁有強大信念的你，在工作上都能有極佳的成績。

同事們會喜歡你活潑的創意，以及穩妥的行動。加上你本身具有某些程度的企圖心，能夠發揮所長，並為企業注入不竭的活水，讓你擁有不可取代的地位。

在工作上擁有強大的意圖，不過卻對於健康缺乏關心。

請特別留意耳鼻喉連帶的衍生問題，也許在講話時經常感到喉嚨卡痰，或鼻子經常性的阻塞，以及耳鳴。

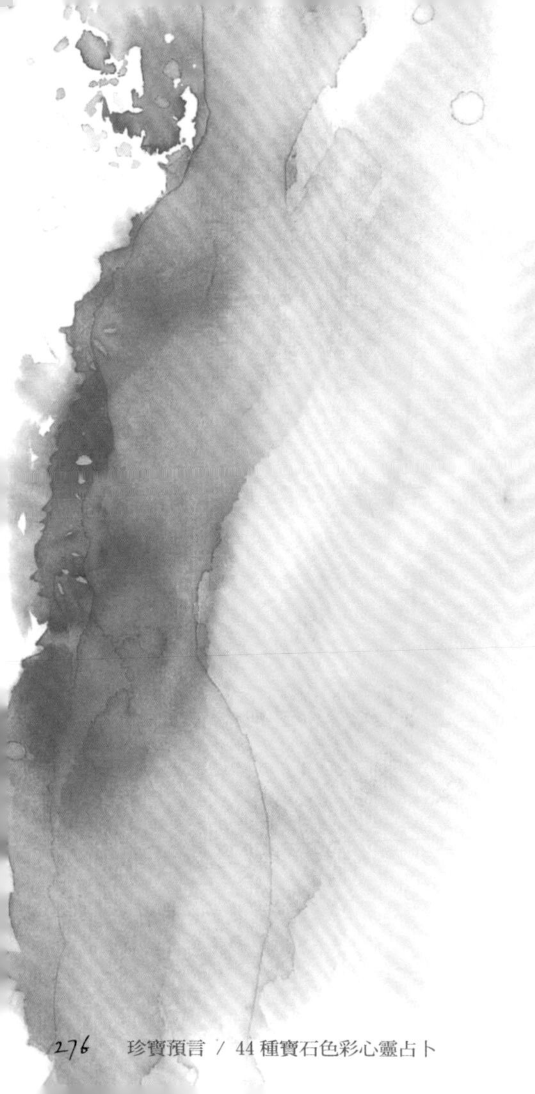

關於愛情，

黑色碧璽的未來是……

{ **談感情請一致專心。** }

在感情上你是屬於感覺派，只要對方在某些方面能與你合拍，你就願意給予進一步機會，不那麼愛拒絕，使得你的桃花緣不斷，然而你本身特質中的沉穩，令你獲得多情的美名，而非花心。

外表穩重、內在活潑的你，其實很需要被鼓勵，如果對方展現積極的功力，很可以取得你的歡心。然而你有可能會害怕關係帶來的束縛，因此也不太願意過份熱情，因此，無法單單對某個人專一，是你給人的印象。

你總以為多方經營、保持持續的友好，可以分散心緒的煩憂，也不願意隨便對某個人失神，最後又是一場空。也許，談感情毋須想太多，真正投入其中才能夠體會箇中酸甜。沒有那麼多的猶豫，試著讓自己勇敢擁抱一個知心吧。

關於**事業**，
黑色碧璽的未來是……

{收起撲克臉。}

你樂於溝通，並無礙於團體生活，可以在眾目睽睽的眼光下盡情展露才華，彷彿工作就是一種演出，你很能樂在群眾相處的交流。

記得不要過於嚴肅，偶爾多發揮你的幽默與才情，畢竟要與許多人面對與溝通，扳著一張撲克臉會讓人敬而遠之。

你喜歡接觸新事物，對舊有的知識卻同時保持熱情，也能從中舉一反三，彷彿與你對話便可以通曉古今，順帶吸收一些大世界中的小樂趣。

你是團隊中的開心果，樂於分享與散播歡笑，富有人文修養的你，有許多私房景點與特殊觀點能夠引人入勝，讓大家與你相處總是輕鬆愉快。

此外，與業界前輩請益也可以是你的長項，能夠深入剖析，或與各界名人談論局勢及心路歷程，對話、眼神、肢體語言都能在當中發揮得淋漓盡致。

關於**健康**，

黑色碧璽的未來是……

{ **避免情緒波動。** }

有時過於激動的情緒，也會讓身心失衡，甚至迷上了不適當的減肥，這些都無益於健康。可以試著研讀感興趣的書籍，以及花些費用選修課程，可以幫助你調整步伐，找回平衡。

某些時候，睡眠障礙是你極大的困擾。也許是碰到了阻礙，讓你感覺到低潮、失意，然後耗費你通宵達旦去思索，仍無法解開謎團。

停下思考、放緩腳步，好好檢視你起初的意圖是否正確？以及你最初為何想這麼做？你真正的目的與用意是什麼？是想要證明自己的能力？亦或是愛的驅動？如果暫時沒有答案，就先全部拋下，好好睡上一覺。

這段自問也許沒有這麼快可以找到解答，但卻對你的整體有益處，你將從中得到力量。

盡在博思

GOAL 書系

吊車尾留英記
改變生命之旅
黃鴻程 博士 ◎ 著
定價 ◎ 220元

我在任天堂的日子
NiNi ◎ 著
定價 ◎ 240元

原來是自己輸給自己
林教授逆轉勝的10堂課
林德嘉 教授 ◎ 著
定價 ◎ 240元

奧運金牌推手
運動，是我對生命的承諾
彭臺臨 博士 ◎ 著
定價 ◎ 240元

老師在講，你有沒有在聽?
拿到大考作文滿級分
薛樂蓉 老師 ◎ 著
定價 ◎ 250元

用愛堆出滿級分
原來，這才是溝通
吳雅玲・黃昱翔 ◎ 著
定價 ◎ 240元

爲什麼他們英文這麼好?
凱莉老師多益滿分高效學習法
凱莉老師 ◎ 著
定價 ◎ 340元

預防醫學 書系

無藥可醫?
營養學權威的真心告白
安德魯・索爾 ◎ 著
定價 ◎ 280元

拒絕庸醫
不吃藥的慢性病療癒法則
安德魯・索爾 ◎ 著
定價 ◎ 320元

打造屬於你的
黃金人生
這是你要的人生嗎?
你知道天賦是什麼嗎?
你願意享受人生嗎?
快樂、財富、愛與健康
是人類生存的必要條件
了解最有價值的自己